就職・転職で成功する30章

山本隆行

本の泉社

まえがき

今、高校、大学の新卒者を含めて若者の就職難が続いている。就職に失敗しただけで人生を悲観している人の話をよく聞く。無事、就職できたとしても大学新卒者の3分の1は3年以内に会社を退職していると言われている。社会人になってからも上司や同僚との人間関係の悩み、将来への不安、健康の問題、恋愛や結婚の難しさ、家族の問題などさまざまな悩みを抱え、夢に描いていたような人生を歩めない人が余りにも多いことは残念である。就職する会社は自分で決めることはできるが、上司、同僚は自分で選べるわけではない。どんなに実力があったとしても、その人の評価を決めるのは上司であり、上司との相性や好き嫌いによって、才能が十分に生かされないまま、不本意な人生を送っている人も少なくなかろう。

長い人生の中、私たちが出会う人の人数は個人差はあるものの、はかりしれないほど多数になる。その多くの人たちの中から誰と付き合うかは大事なことである。付き合う相手によって自分が受ける影響も大きい。付き合う人によって幸福にもなれるし、不幸な人生に落ちてしまう人もいる。インターネットを利用して軽い気持ちで会った相手に、命を奪われてしまう悲惨な事件が起きている。自分にとって付き合うべき相手かどうかしっかり見極め、何らかのプラスになると思われる人と適度な距離感をもちながら付き合っていくことが重要である。しかし逆に、たとえ薄い縁であっても、知り合うことができた人とのつながりを大切にすることも重要である。

私は過去の転職において、人脈のおかげにより理想的な職場に再就職できた成功例を2回経験している。その2回の転職を含めて、私はこれまで過去5回にわたって転職を繰り返してきた。振り返ってみると、薬剤師の資格を取得して最初に就職した会社は製薬業界でも国内で約50位の中堅会社であった。1回目の転職で入社した米国の会社は日本国内では事業をスタートさせたばかりであったが、全世界の製薬業界ランキングで当時約10位、次に就職した米国系の会社は業界7位、次の欧州系の会社は業界5位、そしてついに業界2位の欧州系の製薬会社に部長として招かれたのである。

日本の常識では、どんなにいい会社で仕事をしてきた人でも、退職後の再就職先は以前勤務していた会社の子会社や関連会社や下請け先である場合が多く、会社の規模でいうとレベルダウンするのが普通である。再就職できればいいほうで、60歳や65歳を超えてからの年齢で希望する職場に就職することは困難な現状の中で、私のように転職の都度、より大きな企業に就職して成功を続けてきた人間も存在することを知っていただきたい。

最初に就職した日系の製薬会社で最初の上司であられたM先輩とは、退職以降も時々顔を合わせる機会を作っている。そのM氏からは会うたびに「君は毎回の転職ごとにステップアップしているね。すごいことだよ」とお褒めの言葉をいただいている。人生の大先輩からそのように言っていただけることは光栄なことである。決して、私自身に力があったわけではない。たまたま、強運に恵まれたこと、ピンチにも動じなかったこと、チャンスをものにできたこと、思わぬ人脈が役立ったことなどなど、いくつかの幸運が重なった結果であると思う。

確かに無職の時代もあり苦労もしてきた。一つの企業だけで人生を終わらせるのもそれはそれで素晴らしいことだと思うが、私のように、転職に転職を重ねてきた中で多くの勉強もできたし、いい経験をさせていただいた人生もまた素晴らしい人生であると自負心を持っている。

　これまでに勤務した国内外の製薬企業5社及び現在勤務している製薬業界団体での仕事を通じて、私は多くのことを学ばせていただいた。その経験から、現在就職活動中の方、これから就職活動を始める方、今は仕事をしているが、より良い条件を目指し、あるいは自身のキャリアアップのために転職活動中の方、すぐには転職する気はないが、いざリストラの対象になった時のために転職のノウハウを知っておきたい方、これらすべての方々に社会人として弁えておくべきことをアドバイスとして送りたい。私がなぜ、人生の成功者になれたのか？　なぜ、転職のたびにステップアップできたのか？今日まで社会人として苦労してきた経験を通し、人生の夢や目標を見失っている方、思い通りいかなくて悩んでいる方、人生のやり直しをしたくても勇気が出ずに踏み出せない方、このような多くの方々に、勇気と希望を与えたいとの思いから、このたび本書を執筆したのである。

　私は必ずしも転職すべきであると言っているわけではない。仕事内容にも満足でき、職場の人間関係もうまくいっていて、上司にも同僚にも恵まれた環境で仕事ができている人にとっては、もちろん今は転職を考える必要はないだろう。しかし、終身雇用制度が崩壊しつつある現代社会にあって、どんな大企業であれ、中小企業であれ、あるいは当然のことながら自営業者であれ、いつまでも今の職場で安泰という保証はどこにもない。また職場の中で、自分自身の価値を最大限高め続けていくためには、同僚との出世競争に打ち勝っていかなければならない。現在勤務している会社の条件や環境が良いからといって、今の職場にいつまでもしがみついているのがベストとは必ずしも言えないかも知れない。転職は最高のチャンスであると同時に大きなリスクを伴うものだ。時には、真剣に悩み、考え抜き、場合によってはスピーディに決断しなければならない時もある。

国内外の製薬会社において長年、医薬品の承認許可を取得する薬事業務を中心に、製品開発業務、学術業務、安全性管理業務、品質保証業務、顧客からの相談業務、苦情処理業務など、製薬企業で技術系の出身者が従事するほとんどの業務を経験してきた私は、現在も自身の知識、経験を生かして、本業のかたわら2社の製薬会社において顧問を務めている。さらに、人生の最終章に向けて、4つ目の仕事に挑戦を始めている。年齢に関係なく、気力・体力が続く限り、そして職場が私を求めて下さる限り、仕事を続けていくつもりである。今の時代、超高齢化社会に向けて、年金の支給年齢は引き上げられ、支給額が徐々に減額される可能性が高い。若い世代の人たちの間では、自分たちが老人になった時に本当に年金をもらえるのか、不安を抱えている若者も多い。

転職に限らず、明確な目標を持ち、日々自身を成長させ、大切な一生をより有意義に送ること、悩みがある時、壁にぶつかった時に、そのより良き解決方法を知ることは、社会人にとって大変に重要なことである。社会人として心がけるべきこと、知っておくべき強気の生き方、いざという時に最善の行動により最高の結果を得るための判断材料を持つためにも、この書が少しでも読者のお役に立つことができれば、著者として望外の喜びである。

Contents

就職・転職で成功する30章

Contents

Contents

Chapter 1

第1章　やりたい仕事を早めに見つけよう

悩み抜いた進路決定

私が大学進学の進路を文科系から理科系に変更し、薬学部を目指そうと決意したのは高校3年生の夏休みであった。中学、高校時代の私の夢は音楽家であった。小学生のころから、母親の意向でピアノ教師をしていた従姉の家にピアノを習いに通った。最初は嫌いだったが、厳しい先生の指導の甲斐があって音楽が好きになり、作曲家になりたかったのである。しかし、両親は音楽家で食べていけるのは才能のあるほんの一握りの人たちだけであると、賛成しなかった。次になりたかった職業は、新聞記者か小説家であった。小説は中学生のころから練習作をいくつも書いた。しかし、小説家も成功するのは才能か強運を持った限られた人たちだけであると思い、あきらめた。

一方、私の祖父は医師であり、父も同じく少年時代、医師を目指す予定だった。しかし、若いころ海で泳いでいたときに耳の鼓膜をやられ、それ以来難聴がひどく、医師になることをあきらめざるを得なかったと聞いている。祖父が現役の医師時代に開発した医薬品を販売する小さな製薬会社を経営していた。

母は私に医師の道を目指すことを盛んに勧めたが、子どものころから血を見るのも嫌いだった私は医師になる気はさらさらなかった。それでも、両親はせっかく、製薬会社があるのだから、その会社を継いでほしいという思いがあり、医師がだめでもせめて薬剤師を目指してほしいと常々私に勧め、高校3年生の夏休みまで悩んだ末、私は薬学部への進学を決意したのである。しかし、私の頭の構造は今でも理科系でなく文科系であると信じている。

多忙を極めた学生時代

卒業した高校は今でこそ有名な神奈川県立の進学校となっているが、私は3期生であり、当時は決して有名大学に多くの合格者を輩出するほどの高校ではなかった。3年生のクラスは一応、国公立大学の進学を目指す文理コースを選択していたので、進路変更は不可能ではなかった。それでも私の両親は息子思いだったので、厳しい受験勉強に必死にならなくともいいようにと、推薦入学の方式を取り入れていた大学の薬学部を勧めてくれ、競争率は20倍であったが、幸運にもその大学に入学することができた。薬学部在籍時代はなにしろ忙しかった。特に3年生のときは、午前中講義がびっしり入り、午後から毎日研究室での実験があり、実験のレポートを書いて家に帰るのは夜の10時か11時という生活の連続であった。今の学生を見ていると、社会に出るまでの学生時代にいかに遊ぶかを競っているかのように見えるが、私の場合は遊べる時間は非常に限られていた。それも今思えば良き思い出である。

就職活動もあまり苦労せずに決まった。自分で希望する会社の入社試験は見事にすべて落ちたが、研究室の教授の口利きのおかげで市販薬メーカーとして名前の知られていたS社に入社することができたのであった。

進路決定は早いほど有利

学生時代、将来の進路をなかなか決められなかったり、自分がどんな仕事をしたいのか分からないという若者は多いと思うが、私もその一人だった。私の経験から言えることは、自分がやりたい仕事、なりたい職業は早めに見つけた方がいい。自分の進路を決めかねて高校3年生の夏になってようやく、薬学部を目指そうと腹が決まった私は、浪人する気もなかったために、当然のことながら、国公立の大学や有名一流大学に入学することはできなかったのである。結果論ではあるが、もっと早く薬学部を目指すことを決めていたら、私の人生はまた大きく違っていたかもしれない。もちろん、進路を早く決めたとしても、志望校に入学できなかったり、環境の変化や心境の変化で人生の軌道修正をしなければならないことはよくあることだが、早め早めに手を打ち、万全の準備で精いっぱい努力を続けていくことが、悔いない人生とするために大切なことである。

Chapter 2

第2章　良き上司を大切にしよう

新社会人としての初仕事

大学を卒業して最初に就職したS社は、歴史のある中堅クラスの医薬品メーカーであり、オーナー会社でもあることから、大変に家庭的な会社であった。社会人になった私は、当然のことながら入社後に学んだことは何から何まで新鮮であった。

最初に配属された部署は品質管理室というところだった。私が入社した年は、会社としても自社製品の品質向上に力を入れようとしていた時期であった。新たに品質管理室という部署が新設され、責任者のM先輩のもと私を含めて5名で構成された部署であった。そこで私は毎日、自社製品の品質試験に明け暮れる新入社員時代を過ごした。

新入社員時代の苦い思い出

社会人1年目に、さっそく私は酒で失敗した。昔のことなので、詳細は覚えていないが、社内の飲み会があり、その席で酔いつぶれてしまったのである。学生時代から酒には弱く、ほとんど飲めなかったが、新入社員はつがれた酒は呑まなければ失礼にあたると思って、先輩方からつがれるままに無理して呑んだところ、酔いが回って気持ちが悪くなり、さんざん吐いたうえに、宴会の最中にお店の片隅で寝てしまったのである。宴会が終わっても起きない私をA先輩が起こしてくれたものの、これでは家に帰れないだろうと、近くのホテルで朝まで寝かしてくれたことがあった。入社1年目にさっそく恥ずかしい体験をしてしまったのである。

入社後1年目での異動

品質管理室の仕事が軌道に乗り始めた社会人1年目の秋、早くも私に人事異動の話が飛び込んできたのである。薬事課のベテラン社員が急きょ退職することになり、その課の課長をしていた人が、例の飲み会で酔いつぶれた私をホテルまで連れて行ってくれたA先輩だった。退職する社員の穴埋めに目を付けたのがなぜか私であった。たびたび、私の席にやってきては「薬事課へ来ないかい？　薬事課の仕事はおもしろいよ」と口説いてきた。当時は、新入社員だったこともあり、薬事課の仕事の内容は充分に理解できていなかったが、誘ってきたA先輩には人間的にひかれていたため、自分の気持ちも動き、スムーズに薬事課への人事異動が決まった。

人間として好きだったA先輩との思い出

私はA先輩のことが人間として好きだった。したがって、薬事課の仕事の内容ではなく、A先輩の下で仕事をしたい、との思いから薬事課への人事異動に抵抗はなかった。結果的には、その時点からA先輩との良き付き合いはS社を退職した後も続き、40年以上にもなる。今でも時々飲みに行って楽しい昔話に花を咲かせる間柄である。振り返ってみると、厳しくもあり、仕事だけでなく飲みにも遊びにも誘ってくれた、人間味のあるA先輩のおかげで私も成長することができたのである。良き上司は自分の成長に不可欠なのである。

社会人になって間もない私は、薬事課の仕事の枠を超えて、A先輩の仕事の進め方から多くを学び、模範にしてきた。A先輩は私と同じ薬学部出身で薬剤師の資格を持つ人であったが、S社に就職後、最初に配属された部署は営業部であり、何年間か営業の第一線で仕事をしてきた人であった。したがって、技術系に多い人付き合いが苦手というタイプとは好対照の、初対面のどんなタイプの人たちとも上手に付き合える魅力的な先輩だった。

先輩の良い点を見習おう

会社に入社して大事なことは、経験の浅いうちは、まずは先輩が仕事をする姿をしっかり見て、そこから仕事を覚えることである。先輩の仕事のやり方を盗むことが大事だと言う人も多い。盗むというと語弊があるが、先輩の良い点を学べばよい。人間だれしも、長所も欠点もある。長所を見抜き、その長所を見習い、自分でも実践していくことが大事である。当然、欠点が見えるときもあるが、その点は真似しなければよいのだ。

よく、「いいとこどりをしよう」という考え方がある。何か方法論や新しい戦略を決める時に、他社が成功している方法をあちこちから取り入れ、最も良い形のアイデアにする行為であるが、私は、その言葉が好きではなかった。その理由は、自分が努力をせずに他人の良い点だけを取り入れるやり方がいかにもずるいやり方のように感じていたからだった。しかし、好き嫌いではなく、民間会社であれば、利益を最優先に追求していかなければならないわけだから、法に触れない範囲で、他社の上手な手法を盗んでいくことは大事なことであると思う。

いずれにしても、社内の多くの人たちの行動パターンを見て、良い点は自分にも取り入れ、悪い点は取り入れないようにして、自分としての最高の仕事の進め方を作っていくことが大事である。そのために、職場にいるすべての先輩、同僚、後輩は皆自分の成長のためのお手本であると考え、その人たちから多くを学び、自分の財産にしていくことが肝要である。

上司と徹底的に話し合うことは重要

入社後、何年か何十年か経過したのちには、誰もが役職についたり、管理職にならなければいけないこともあろう。部下を持つようになったときにこそ、自分が先輩から学んだことを活かさなければならない。

アリストテレスは「誰かの指示や命令に従った経験のある人でなければ、人に上手に指示したり、命令することはできない。それは、指示・命令される側の気持ちがわからないからだ」と語ったという。

確かにそのとおりだと思う。場合によっては、上司から納得できない指示を受ける時もあるだろう。しかし、いくら自分では上司の指示に納得できないからと言って、上司に逆らっていたのでは、会社の業務は成り立たない。もちろん、納得できないのであれば、その理由を明確に説明し、上司に自分の意見を言ったり、他の方法を提案することは必要である。多くの上司は、部下の提言や、意見を聞く耳は持っているはずだ。

しかし、率直に話し合い、対話した結果、最終的に上司の指示・命令が変更されなければ、最後は納得して、その指示通りに行動すべきであると思う。上司と部下の率直な対話ができれば、それにより自身の考え方も磨かれ、いずれ自分が部下を持つようになったときに、その経験が生かされるのである。

会社は選べても上司、同僚は選べない

入社する会社は自分で決めることができるが、一緒に仕事をする同僚や上司は自分で選べないものである。

内定を取れても、その会社に行くか行かないかの最終判断は自分で決めることができる。しかし、入社するまでは自分の上司や同僚がどんな人たちなのか全くわからない。入社試験の面接で自分の直属の上司となる人が面接する場合も多いだろうから、入社後どんな人が自分の上司になるかある程度推測はできるかもしれない。ところが、同僚になる人が面接に同席することはほとんどないから、その会社にどんな同僚がいるかは

入社するまでは全くわからないものである。もちろん、職場の雰囲気なども、実際に入社してみないとわからない。上司や同僚との人間関係をいかに上手にこなすかが新社会人として出発する時、転職して新たな就職先に入社する時の大事なポイントである。

　S社を退職して以降、私は何回も転職を繰り返したが、W社時代のS先輩、I先輩、J社時代のS先輩、N社時代のS先輩、K先輩、G社時代のI先輩などなど、自分が勤務したすべての会社の上司とは関係性の深さに違いはあるものの、退職後も良い人間関係を続けており、そのことが自分の人生にとって素晴らしい宝になっている。良き上司を大切にすることはすべての社会人にとって重要なことである。

Chapter 3

第3章　公務員とは上手に付き合おう

専門職となった薬事業務

A先輩からの誘いにより、私の人事異動はすんなり決まり、入社後わずか5ヵ月後の9月から私は薬事課の一員になった。薬事課には、A先輩のほか、同期で入社した女性社員が4月から薬事課に配属されていたため、その女性から実務を教えていただいた。薬事課の仕事もだんだん好きになり、入社8年目まで薬事課で仕事をすることになった。

医薬品は、効き目があって、かつ安全なものでなければならない。人の生死・健康に直接影響を与える商品であることから、製品ごとに厚生労働省か都道府県知事の承認・許可を取得しなければ発売することができない。新製品の承認・許可を取得するのが薬事課の中心的な業務である。当然のことながら、その仕事には正確性、確実性、緻密さが求められる。一日の業務のうちの多くの時間を役所に申請する申請書の作成・校正作業に費やした。性格的にもそのような仕事が私には向いていたようだ。

医薬品の承認・許可に携わっている厚生労働省や都道府県勤務の公務員たちは、自分たちが国民の健康と安全を担っているという、高い職業意識を持っており、プライドも高い人たちが多い。各製薬メーカーから承認・許可の申請があった品目は、提出された申請資料、添付資料などを客観的に調査、審議した結果、問題がないと判断されてようやく承認が与えられる。たとえ、製薬会社の薬事部門の担当者が言葉巧みであったからといって、それによって早く承認が与えられるようなことは決してない。

しかし、公務員といっても同じ人間であるから、感情もあるし好き嫌いもある。薬事部門で仕事をする人たちにとっては、公務員から嫌われないように上手に付き合わないといけない。ただし、公務員から好かれたからといって、特別に何らかのメリットが得られるわけではない。好かれた時のメリットはないのに、嫌われた時のデメリットだけはあるから、公務員から嫌われないように上手に付き合わなければならない。むしろ、尊敬の念を持って接することが重要である。これが社会人としての教訓の一つである。

役所の人たちとの思い出

S社時代、薬事部門で仕事をした時期が長かったので、役所の人たちとの良き思い出がたくさんできた。特に、都庁の職員たちの中には、いい人間関係を築けた方も多い。

S社在籍時代、都庁の庁舎は今と異なり、新宿ではなく、有楽町駅のすぐ近くにあった。当然、その庁舎は古い建物であり、現在の新宿にある都庁の庁舎内のように、カウンターもなければ、相談コーナーのスペースもなかったため、都庁の職員と相談したいことがあった時は、その担当者の机のわきに椅子を置いて、まさにひざ詰めで話し合いができたのであった。カウンター越しで話をするのとは、かなり雰囲気も違い、なぜか親近感が感じられるのであった。

30年も40年もたった今でも、顔を見れば名前を思い出すことができるまでの人間関係を築くことができた、と思っている。

大事にしてきた公務員との関係

S社を退職してからの私は、複数の外資系製薬企業で薬事部門を中心として幅広い業務に従事してきたが、それらの会社でも、思い出に残るくらいお世話になった方がいる。私の場合、市販用医薬品の業務が中心であったが、N社時代の後半は、唯一、医療用新薬の承認取得のための薬事業務に携わった。

N社は、スイスに本社がある製薬企業であったため、製品開発部隊はスイス本社で仕事をしていた。そのため、役所から新薬の照会事項（承認申請の出された医薬品に関して、その製品の有効性、安全性に関する疑義事項を申請した製薬企業に提出し、回答を求めること）を受け取るたびに、その照会事項を英訳し、スイス本社の開発部隊に提出し、回答書の作成を要請した。スイスとの時差があるため、我々が朝出社した時にはすでに本社から回答が届いており、我々はその回答を今度は和訳し、照会事項の回答書を作成し、役所に提出していた。

その繰り返しが何回も続くわけであるが、審査も佳境に入ってくると、役所の担当者も翌日まで待てないので、その日のうちに回答を求められることもあった。そういった時には、スイス本社が朝一番で回答をメールで送ってくれたとしても、時差の関係で日本時間では夕方であり、それを日本語に翻訳して役所に提出できる時間は深夜になってしまう。しかし、その品目の審査担当者は役所の中で深夜まで待ってくださったことが何回かあった。その結果、その品目は当初の目標通り、早期に承認を取得することが出来、予定通り発売することができたのであった。その担当者には感謝の思いでいっぱいである。

どんな関係であれ、人との出会いを大切に

もう一つ、役所の方と大きな思い出に残っていることがある。それは、私が定年まで勤務したG社時代のことである。G社の主力製品に安全性の問題が起きた時であった。その際、当局とギリギリの折衝を行った。ある日、G社の最終判断を巡って、夜

中の2時頃まで当局の担当者も私からの電話を待って下さった。そんな苦労をしたことも今思えば、すべて良き思い出として残っている。

役所の人に限った話ではないが、私たち、どんな関係で出会った人であれ、人との出会いは大切にすべきである。その時々でお互いに苦労した関係であればある程、その人との思い出は永遠に残るものである。人との良き思い出が多くあればあるほど、人生を生ききったといえる満足感のある人生の終わり方ができると信じている。

Chapter 4

第4章　偉くなろうと思わず、コツコツ頑張ろう

昇格、昇級は焦る必要ない

私はS社に入社してから長い間、会社の中で偉くなりたいという考えを全く持っていなかった。開発部門、研究部門の同僚には、国公立大学や大学院を卒業した優秀な社員も多く在籍し、多くの同僚は遅い時間まで残業するのが当然という雰囲気が職場内にはあった。そんな中、私は個人的な用事も多かったことから、残業している多くの同僚たちの中で定時に帰る後ろめたさはあったものの、そんなことはおかまいなく、時々定時に退社していた。

当時、S社では職級制度があり、大学卒の人たちの多くは、入社2年目には皆一律に昇級するが、3年目からは昇級できる人と昇級できない人の差がつくような制度であった。私の場合、3年目の昇級の際、同じ大学卒の同僚の約8割が昇級したにもかかわらず、私は昇級できなかった。

『3年目社員が辞める会社辞めない会社』の著書で知られる著名なコンサルタントの

森田英一氏は次のように言っておられる。「今は成果主義の時代ですから、同僚はもちろん部下に追い抜かれる可能性も十分あります。逆に言えば自分がこの先、一発逆転できるチャンスもきっとある。5年先、10年先を見た時に、いま同僚に先を越されたなんていうのは、たいした差ではないんです。むしろその悔やしさがきっかけになって、この先どうすれば自分が実力をつけられるのか、ということを考えられるようになればしめたものです」

興味がなかった出世

私の場合、そもそも出世に興味がなかったこともあり、この時、昇級できなかったことは少し残念な気持ちはあったものの、悔しさまではなかった。

今の若者は出世意欲とか野心を持っていない人間が多すぎる、と嘆く先輩諸兄が多いと思うし、私もそう考えている一人である。しかし、20代の半ばころの自分を振り返ってみれば、出世意欲も野心も持っていなかったのだから、偉そうに「今の若者は……」

という言い方をするのは卑怯なのかもしれない。

日本の社会も年功序列の時代から実力主義の時代に大きく変化している。一つの会社の中で、地道に頑張っていけば、出世できる人は多いと思う。鉄鋼王アンドリュー・カーネギーも、「絶対に出世できない人間には2種類ある。一つは言われたことができない人。もう一つは言われたことしかできない人である」という言葉を残している。

上司から指示されたことを素直にやっていけば、その努力は本来、報われるものである。言われたことだけをやるのが嫌いな人は、言われたこともやり、その上で自分なりに工夫して上司が指示する以外のことに挑戦していけばよいのである。

営業的センスを養うことができた学術部時代

入社8年後に私は薬事部から人事異動で学術部に異動となった。
学術部員に求められるセンスは薬事部員に求められるセンスとは大きく異なってい
た。当時、S社の学術部は二つの業務を行っていた。ひとつは、営業部と協力し、自社製品の特徴を全国の薬局薬店の社長、店長、従業員たちに説明し、自社製品を店頭で推奨していただく業務、もうひとつは自社製品を使用していただいたお客様や販売してくださった薬局薬店からの問い合わせや苦情を受け付ける業務であった。要するに、薬事部がお付き合いする相手が公務員であるのに対して、学術部がお付き合いする相手は小売店であり、お客様なのである。したがって、学術部員に求められるのは営業的センスであり、枠にとらわれない、臨機応変の対応が求められるのであった。

社会人になって初めて従事した薬事部の仕事は書類を正確に作成するなど、枠にはまった仕事を確実にこなさなければならないルーチン業務であったのに対して、学術部の仕事は、いかにわが社の製品を好きになってもらうかに力を注ぐ仕事であり、人とのコミュニケーション能力、柔軟な対応力を求められる職場だった。自社製品を使っていただいたにもかかわらず、具合が悪くなってしまったお客様や、さまざまな理由から苦情を言ってくるお客様をいかになだめるか、が求められた。私のその後の社会人生活にとって、この学術部時代の4年間はかけがえのない経験をさせていただいた、と今でも感謝している。

何故か順調に昇格できるようになった自分

8年間の薬事部時代、その後の4年間の学術部時代を過ごし、その後、私は再び人事異動で薬事部に戻ってきたのであった。薬事部に戻ってからの上司は、入社後から一貫して私を育ててくださったA先輩であり、当時、薬事部長をされておられた。小売店や一般のお客様を対応しなければならず、営業的センスや臨機応変の対応が求められる学術部の仕事より、役人を相手に枠にはまった仕事をコツコツしなければならない薬事部の業務の方が私には向いているのではないか、と会社が判断しての異動であったと今でも考えている。

4年間の学術部時代の業務が私には肥やしになり、自分なりに成長ができたのか、薬事部に戻ってからは、一皮むけたように自分の力に自信が持てるようになった。会社の中で、徐々に私の仕事ぶりが評価されるようになっていった。出世しようと思っていなかった私がなぜか、S社在籍当時、2番目の若さで部長代理まで昇格することができたのである。いまだに不思議である。

薬事部の業務が自分の性格に合っていたこと、良きA先輩が私の仕事ぶりを評価してくださったこと、学術部時代の訓練で消費者の心、小売店の考え方などを学んだこと、などが私を変えたのだろう。

自分の体験から言えることは、あえて偉くなろうと思わず、与えられた仕事にやりがいを感じ、コツコツとこなしていくことが必ず良い結果を得られる、ということを知っていただきたい。

Chapter 5

第5章　大胆と慎重を使いこなそう

忘れることのできない苦い思い出

S社の学術部時代、わが人生にとって忘れられない大事件が起きた。学術部の二つの業務のうちの一つである、お客様からの問い合わせ対応の責任者をしていた時のことだった。

ある初老の男性から突然、苦情の電話が入った。苦情電話というのは突然入ってくる。もちろん、普通の内容の電話やメールも、知らぬ人との出会いも予告なしに突然起こるものである。したがって、お客様相談の対応をする人たちは問い合わせや苦情に常に身構えていなければならない。問い合せの場合は、FAQ（よくある問い合わせに対して、こういう質問にはこう答えるという、企業があらかじめ作成しておくマニュアル）があらかじめできており、そのマニュアルに沿って対応すればよいが、ときには予想外の質問をしてくる人や対応に難渋する質問に出くわすことがある。

かなり昔のことなので、最初のいきさつは詳細には覚えていないが、この男性はS社が発売している市販薬を服用して具合が悪くなったという苦情だった。通常、こういったケースに対しては、会社は製品の使用前後の体調などを丁寧に聞き取り、緊急を要すると判断した場合は医療機関の受診を勧めるようにしていた。しかし、その男性の場合は、すでにある病気で入院している患者さんだった。入院中の患者は通常、担当医の定期的な診察のもとで必要な薬剤は担当医師から処方され、その薬を服用しなければならない。したがって、その男性が自らの判断でS社の市販薬を購入し、服用したこと自体がルール違反である。とは言え、その男性の訴えに私は忍耐力をもって丁寧に応対した。しかし、その電話が2時間近くも続いたときには、さすがに温厚な性格の私もイライラしてきた。

2時間も同じ人と話をしていると、話の内容は堂々めぐりになるものである。同じ話を延々と繰り返し、執拗に食い下がる男性に対して、ついに私は切れた。丁寧な口調で長時間話を続けていた私が突然、イスから立ち上がって、机をたたいてその男性に「いい加減にしろ！」とどなってガチャンと電話を切ったのである。職場の同僚は皆、私が普段おとなしい温厚な性格であることを知っていたから、私のどなり声に大変驚いていた様子を今でも覚えている。

後の祭り

その日も翌日も気分的にすっきりしなかった。1週間たってもその男性から2回目の電話はかかってこなかった。それが逆に心配になった。いくら会社に不当な苦情を言ってきたとはいえ、わが社の製品を購入して使用してくださったお客様である。どなって電話を切ったお詫びの意味も込めて、男性が入院している病院にお見舞いに行った。最初の電話で氏名、入院先の病院名などの情報は聞いていたのである。ところが病院に行って受付でその男性の病室を聞いたとき、すでに亡くなられていたことを知らされた。一人の人間として、その男性が生きている間にお見舞いに行けなかったことが悔やまれ、深く反省し、後味が悪かった。

大胆な行動の後にはすぐに慎重に考えよう

基本的に仕事は慎重にやるべきだと思う。しかし、慎重さには時間もかかるし、会社の業績を第一に考える民間企業にとっては、必ずしも正解とは言えないだろう。一人の従業員の業務時間は限られているし、一人のお客様との電話に2時間もかけるべきではないだろう。しかし、電話をかけてくるお客様はわが社の製品の愛用者である。丁寧に慎重に対応しながらも、時には、大胆な行動に出ざるをえない時もある。

大事なことは、大胆な行動に出た後にこれでよかったのか、と自問自答することである。長時間、同じ話を何度も蒸し返された私の場合は、男性にどなって電話を切ったのは紛れもなく正しい行動であったと今でも思っている。しかし、1週間もたってからお見舞いに行くなら、なぜすぐに行かなかったのか？　大胆な行動の後で冷静になって慎重に考え、翌日病院に行く判断をすべきだった。大胆と慎重を使いこなす能力は、すべての社会人に求められる要素である。

Chapter 6

第6章　真心には真心で応えよう

初めての転職の挑戦

学術部で4年間の勤務を経て私は再び薬事部に戻ってきた。そして部長代理まで昇格できた2年目に、私は思い切ってS社を退職し、初めての転職をすることになった。そもそも私はS社で定年まで仕事をするつもりでいた。その当時は、日本の社会はまだ終身雇用制度が定着しており、ほとんどの社員が一つの会社で定年まで働くのが一般的な時代であった。今の日本では考えられないかもしれないが、S社でも転職する人はいささか奇異な目で見られるような風潮があった。

社会人になって十数年たったころから、ヘッドハンティングの会社から「こんな会社がありますよ。転職を考えてみませんか?」といった誘いの電話が何度かかかってくるようになった。そういう会社はなぜ私の名前や勤務先の電話番号を調べて電話をかけてくるのだろう? という疑問はあったが、話だけは聞くようにしていた。そのうちの1社には興味があったので、外人のヘッドハンターに会って具体的な話を聞いたことがあった。そのヘッドハンターが勧めてくれた欧州系の外資系製薬会社には興味があったものの、業務内容が私が得意としていた薬事業務ではなく学術業務であったため、面接を受ける前に丁重にお断りした。次に誘いがあったのは、日本のヘッドハンティング会社からであった。その内容は、米国の市販薬市場ではシェア2、3位を争う大きな製薬会社がいよいよ日本市場に参入を始めることになり、世界で販売している彼らの市販薬を日本でも販売できるようにするため、薬事業務のエキスパートを探している、という話であった。この誘いには大きな興味を持った。

外資系企業への転職でも英語力は二の次だった理由

S社で定年まで働くつもりでいた私が心を動かしたのは、その米国の会社の日本法人の社長の面接を受けてからであった。社長といっても、30代なかばの独身の米国人だった。背が高く、男の目から見てもかっこいい米国人社長だった。しかも彼は日本に長く住んでいたため、日本語がとても上手だった。当時の私の英会話の能力はたいしたことはなかった。中学生のころから英語は得意科目だったが、長年勤務したS社においては英語を使う必要はほとんどなく、あっても英語の文献を読まなければならない程度であった。

人材紹介会社の担当者が言うには、米国人社長がある程度、日本語を話せることから、英語力はそれほど高くなくても支障はない。それより、薬事業務に精通した人を求めているということであった。そんなわけで、面接の際もその社長とのコミュニケーションがうまく取れて会社側は私を採用したかったようである。

しかし私は、すぐには転職に踏み切れなかったので、しばらく返事を待ってほしいと時間稼ぎをした。時間稼ぎといってもその間、何かをしたわけでもなかった。S社で定年まで仕事を続けることはもちろんできるだろう。安定は得られるかもしれないが、それで本当に満足した人生といえるのであろうか？　英語力にそれほど自信がない私が外資系の会社に入り、本当にその会社が期待する仕事ができるだろうか？　もちろん、不安要素もたくさんあった。収入の面では、その米国の会社はS社の年収の約30％増を約束してくれた。リスクを覚悟の上、私を思い切って転職に踏み切らせた最後の切り札は、真心あふれる一通の手紙であった。

ハワード・シュルツ氏の功績

人の真心がいかに重要であるか、皆さんもよくお分かりのことと思う。お金で買うことができないのが人の心である。真心の大切さを教えてくれる米国の実業家、ハワード・シュルツ氏の言葉を引用させていただく。シュルツ氏は、ゼロックス社、スウェーデンの日用品メーカーであるハマープラスト社を経てスターバックス社に入社。入社当時、スターバックスはコーヒー豆売りのみの事業であった。彼はカフェを始めようと経営陣に提案したが、受け入れられず、同社を退社。自身でイル・ジョルナーレというカフェチェーンを設立。その後、営業不振に陥った古巣のスターバックスを買収。以後、世界的チェーンへと育てた実業家である。彼言わく、「企業が草創期の情熱と精神を失わずに大きく成長するには、利益の追求を第一とするのではなく、正しい価値観と人材を基盤とした経営が必要である。その要は真心に他ならない。あなたが自分の事業、あるいは働き甲斐のある職場に真心を注ぐとき、人には不可能に見える夢を実現することができるのだ。そのとき、生きがいに満ちあふれた人生が開かれるのである」。

真心により人の心は動く

転職すべきか、S社に留まるべきか、迷っていた時期に私は真心あふれる一通の手紙を受け取った。その米国の会社の人事部長だった日本人のS氏からの手紙であった。S氏はある大手外資系製薬会社で長年勤務した後、その米国の会社に総務人事部長として入社していた60代前半の立派な人格者であった。そのS氏から届いた直筆の手紙はまさに真心のこもった手紙であった。日本企業で長年勤めた私が外資系企業に転職するのには相当な勇気が必要だろうと思いを巡らし、私に決意を促すために自身の真心を伝えたかったのだろう。

その手紙で一番心に残った一節は「わが社に入社してくれれば、白いキャンバスに自分の好きな絵を自由に描くことができるのだ。是非、入社を決断してほしい」という言葉であった。

私はその手紙に心を動かされ、20年間お世話になったS社を退職し、W社に転職する決意をしたのであった。

真心には真心で応えよう。これは社会人として取るべき当然の行動である。

Chapter 7

第7章　苦手な人とこそ上手に付き合おう

成功だった初めての転職

思い切って転職に踏み切って入社したW社は、運よく自分にとって居心地のいい職場であった。同僚ともすぐに親しくなれて、何といっても、年下の米国人社長とはウマが合った。とてもユニークな社長であった。朝出社するのは決して早くないが、帰るのも比較的早かった。体調が悪い時は自宅で仕事をするような自由気ままな社長だった。2～3週間の休暇を年に3回取るような米国人らしい、仕事とオフのメリハリをつけて仕事に取り組むタイプの人だった。私はそんな社長が人間的にはとても好きだった。

転職のきっかけとなった熱い手紙を下さったS氏も総務人事部長でありながら、社長の秘書的な仕事も兼務し、社員全員の面倒をよく見てくれる人格者であった。就業時間が過ぎると社内を回り、残業している社員に対して「早く帰りなさい」と優しく声をかけてくれた。S社時代と比べて勤務時間は大幅に減り、収入面は大幅にアップしたのだから、私の転職は成功だった。
しかし、社内には自分にとって苦手な人がいた。

先輩から教えられた苦手な人との接し方

世の中には、職場内の人間関係で悩んでいる人が大変に多い。職場は自分で選べても上司、同僚は選べないから、入社するまでどんな人が職場にいるかわからない。その人たちとうまくやっていけるだろうか？　新社会人や転職者は誰もが大なり小なり不安があるだろう。

私は大学時代、あるサークルの責任者をしている先輩から、わかりやすいたとえを引用し、自分の境涯を高くすることが大事であることを教えられた。その先輩の話はこうであった。「茶碗を真横から見れば、誰が見ても壁にしか見えない。しかし、同じ茶碗でも斜め上から見れば、それは壁ではなく茶碗に見えるだろ？　人間関係に悩んだら、自分のほうが境涯を高くし、苦手な人には自分は下手に出ているようで、実は上から見下ろすような境涯になれば、どんな人たちともうまくやっていけるのだ」

苦手な人は誰にでもいるもの

その話を聞いたとき、話の内容は難しかったが、茶碗のたとえ話はよく理解できた。W社にいた苦手な人と接するとき、できるだけ自分がその人を苦手に思っていることを知られないように誠実に対応し、上手に付き合うことができた。苦手な人とこそ上手に付き合うことは、より楽しく人生を生ききっていくために大事なことである。

いずれにしても、苦手な人であれ、そうでない人であれ、他人と上手に協力し合える人は、社会人として成功することが多い。好き嫌いはともかく、自分が会社の中で良い仕事をしようと思えば、同僚と上手に人間関係を築き、お互いに協力し合うことは必須である。

阪急グループ・宝塚歌劇団の創業者である小林一三氏は、苦手な人と付き合うことの大切さを次のような言葉で語っている。「初めて会社に勤めると、誰しも一番最初に交際するのは感じのよい人です。しかし、私はこれには反対で、まず感じの悪い人にぶつかっていくことです。こういう人は打ち解けると、感じのよい人よりむしろ親切で、本当の味方になってくれるものです」

また、米国の著名な実業家アンドリュー・カーネギー氏は他人との協力の重要性について、以下のような名言を残している。「最大の成功を収めるために何が必要でしょうか？　それは、他人とうまく協力できるかどうかにかかってきます。自分の得手不得手をしっかり理解し、苦手な部分の協力を仰げる人こそ、最大の成功を収めることができるのです。真の実力がある人は、他人の能力も正当に評価できます。自分より優れている人を素直に認められる謙虚さこそが、協力を仰ぐうえで必要なことです。お互いを信頼し、協力し合うことで、共に成功を勝ち取ることができるのです。自分の限界点を見極めたら、それ以上は無理をせずに助力を仰ぎましょう。協力を得られたときは、相手に対して尊敬の念と感謝の心を忘れないようにしましょう」

Chapter 8

第8章　いざという時は目をこらすようにしよう

思い出深い新製品の発売

W社において、私は自分に与えられた業務をそつなく行い、新製品を発売するための許認可を次から次に取得することができ、会社も順調に製品数を増やしていった。私はW社が最も大きな期待を持っていた大型新製品の承認取得に最大限の力を注いだ。その新製品というのは市販用のかぜ薬であった。普通のかぜ薬は錠剤かカプセル剤か粉末で、それぞれ1日3回食後に定められた量をお湯か水とともに服用するものである。しかし、W社が開発し発売しようとしたかぜ薬は、日本のかぜ薬の常識を大きく変える製品であった。1回ごとの服用分の粉末が小袋に入っており、服用直前に熱いお湯に溶かして服用するタイプのかぜ薬であった。当時、日本では存在しなかった形状であるが、欧米では、何年も前から発売され、一部の国では盛んに愛用されていた。W社では特にコロンビアなど南米の国で約50%のシェアを持っていた製品であった。日本でも、昔から風邪をひいたときにしょうが湯を飲む習慣がある。しょうがそのものの効能に加えて、熱いしょうが湯を飲むことによって体を温め、風邪の治りを早めるのに役立っているのである。この製品も同じコンセプトで開発されたかぜ薬である。中に入っている薬の成分の効き目と合わせて、熱いお湯に溶かして飲むことで体を温めて風邪の治りを早くしようという薬である。

新製品をライバル会社に先駆けて発売することは重要

W社はこの画期的なかぜ薬を日本でいち早く発売したかった。しかし、ほぼ同じ時期にライバル企業であった外資系製薬企業が同じタイプのかぜ薬を開発中であるという情報をつかんでいた。いろいろ情報を入手すると、ライバル企業の方が、当時の厚生省に許認可の申請書を提出した時期がW社より数ヵ月早いことがわかった。医薬品業界に限らず他の業界でも同じだろうが、新規性の高い製品ほど、他の会社に先駆けて発売することが成功の秘訣である。二番手、三番手ではなかなか競争には勝てない。わずかな差であっても、少しでも早く発売し、広告宣伝を始めることがヒット製品を生むために重要なことであったため、W社はライバル企業より少しでも早くこのかぜ薬を発売したかったのだ。

通常、新製品の承認申請を出してから厚生省の承認を得るのに当時、最低でも1年間かかった。当然のことながら、早く承認申請が出されたものから順番に審査を開始するため、通常、早く承認申請を出した会社の方が早く承認を得られて発売できるのである。しかし、ライバル企業は厚生省に承認申請書を提出したのはW社より数ヵ月早かったにもかかわらず、審査担当者から出された照会事項（申請品目の有効性、安全性、品質などに関する疑問点について審査担当者から出される質問書のこと）に対する回答書の提出に長時間を要してしまったようである。その情報をW社はあとから知ることができた。

そのため、W社はライバル企業より早く厚生省の認可を取得して先に発売できるようにするために、照会事項に対する回答書を素早く提出し、事実上の審査を早く終了させることに成功した。ライバル企業を追い越し、いち早くそのタイプのかぜ薬を日本で発売できるチャンスが到来した。ところが、審査担当者の事実上の審査が終了したにもかかわらず、厚生省の認可はなかなかおりなかった。私は、最後の事務処理が滞っているだけだろうと判断して、厚生省に直接乗り込んでいった。

カルロス・カスタネダ博士の言葉

「いざという時は目をこらすようにしよう」というタイトルでは、意味をよく理解できない読者が多いだろう。私は若い時は視力が良かったが、この当時は決して良くなかった。自動車運転免許証も眼鏡使用の条件が付く視力であった。しかし、その程度の視力でも、いざという時に私の目が役立ったのである。

人文学者のカルロス・カスタネダ博士は、目の焦点の合わせ方の重要性について、次のような言葉を残している。「生命体の知覚はアセンブレージ（焦点）の所在位置で決まる。この位置を移動することで、テレビのチャンネルのごとく、知覚（受像）は瞬時に変わる。もともと、人はこの焦点を自由に動かせる能力を備えているが、いわば、理由（因果関係）の概念を半強制的に自分に語り続けることで人生の継続（時間）を維持している、いや継続に持てるすべてのエネルギーを費やしてしまっているために、現在の人類はこの焦点を自由に動かせない状況に陥ってしまっている。そこから一歩這い上がる方法がここで呼ばれる妖術と呼ばれているものである（したがって、仏のいう無我でなくても、内的無言・沈黙に達することで、生命エネルギーの消費の配分を変え、焦点を動かせ始められれば、あなたも教えが身に付き始めた、または妖術師になったと言える）」。

いざというときに役立った視力

私の場合、大事な時に、カスタネダ博士が言われる妖術師になったと思えるような出来事が起きたのであった。

通常、役所の事務処理には時間がかかるものである。実質的な審査が終了してもその書類が決裁に回ると、偉い方々に順番に回覧され、全員の捺印が押されてようやく、最終的に厚生大臣の捺印が押された承認書が発行される。その品目の事務処理に予想以上の時間がかかっていたので、私は厚生省の許認可を担当している部署に日参した。

面会のアポを取らずに、いきなり厚生省に行っても責任者の方はなかなか会ってくれないものである。そもそも、事務処理が遅いので早く処理してほしい、なんていう要望を公務員は聞きたくないものである。聞いても「順番に処理していますので、お待ちください」と決まり文句のように言われるだけである。しかし、その日は朝一番に厚生省に出かけて行き、課長補佐の来庁を待っていると、お目当ての課長補佐の出庁時にお会いすることができた。しかも運よく、その課長補佐の机まで行ってお願いすることができた。

すると、たまたまその課長補佐の机のわきに大きな段ボール箱が置かれており、その中に多くの承認申請書が積まれていたのであった。「こんなにたくさんの書類を見なければいけないのか、大変な仕事だなあ」と同情の思いで、その書類の山をなにげなく見た時、なんとその書類の山の一番上に積まれていた書類が自分が作成し、提出したW社のかぜ薬の承認申請書だったのである。余りの偶然に出くわし、自分でもびっくりしたが、私は大きな声でその書類を指さし、「これ、これ、この品目の承認を待っているのです。この書類の処理を早急にお願いします」とその課長補佐にすみやかな事務処理のお願いをすることができたのである。

数日後、待ちに待ったかぜ薬の承認がおり、お湯に溶かして服用するかぜ薬をW社がライバル企業を追い越し、国内一番手で発売することができたのであった。確かに、課長補佐の目の前で私が自社の承認申請書を見つけることが出来なかったとしても、段ボール箱の一番上に置かれていたのだから、結果は同じであったかもしれない。しかし、自分で自分が作成した書類を見つけ出したという奇跡に出くわしたのはとても嬉しいことであった。

サミュエル・スマイルズ氏の言葉

『自助論』の著書で知られる英国の著述家のサミュエル・スマイルズ氏は次のように述べている。「観察力の優劣は人間に大きな差をつける。ロシアのことわざにあるように、注意力の散漫な人間は、森を歩いても薪を見つけられない」。また、尾川正二氏も

「一本の木に向かって、そのうちの赤い葉一つだけを見ておれば、残りの葉は目に入らぬものです。一つの葉に目をとらわれず、一本の木に無心に向かうなら、数多くの葉も残らず目に見えるものです」と言っている。

耳は聞こえすぎることは決してよくないことであるという話を聞いたことがある。聞かない方がよい自分に対する悪口とか、聞くことによって悲しい思いをしなければならないような話まで聞こえてしまうことは不幸なことである。耳は少しくらい遠いほうが聞かないほうがよい話を聞かずにすむ。それに対して、目がよすぎても困ることはまったくないと思う。

Chapter 9

第9章　誇れる履歴書を書ける自分になろう

思い出に残っている両社長

W社は、画期的なかぜ薬の承認をいち早く取得できたものの、自社で販売することができず、ある大手製薬会社に販売を委託した。その会社は、この新製品の発売にあたって、当時、人気の高い若いタレントをテレビコマーシャルに起用し、発売当初大成功を収めたのであった。その後、10年あまりその品目の販売は続けられたが、残念ながら、現在ではそのかぜ薬は販売されていない。

W社の日本でのビジネスは、本命製品と考えていたそのかぜ薬を発売する前にいくつかの製品を順調に発売することはできたものの、売り上げが目標には程遠く、厳しい経営状態であった。真っ先にW社の米国本社が取った行動は、私が好きだった米国人社長を首にしたことであった。新たに日本人社長が就任するまでに1年近くもかかった。新社長は海外駐在経験もある優秀なビジネスマンであった。最初の社長が若くてヤリ手というタイプであったのと好対照に、新社長は冷静沈着、堅実でマネージメント能力の高い人格者であった。彼とはW社が日本からの撤退を決定し、会社を閉鎖した以降も年賀状やメールの交換を続けており、最近も縁あって一緒に仕事をさせていただき、いろいろと相談に乗っていただいている良き先輩である。

決断が早かった米国企業

W社の米国本社は本命製品であったかぜ薬を発売する以前から、どうやら日本からの撤退を検討していたようであった。そのため、この新製品の販売を自社で成功させることは難しいと判断し、日本で市販薬の販売実績のある大手の製薬会社に販売を委託したのであった。最終的にW社の米国本社は日本からの撤退を決め、日本のビジネス立ち上げのために採用した私を含めて約50名が全員解雇されることになった。

この時から、私の再就職活動が始まることになる。W社側の社員たちへの対応は丁寧であった。解雇となった社員全員は、W社の経費で再就職支援を行う会社からの支援を受けることができた。私もその支援会社のサポートを受けながら、再就職の活動をすることができた。短期間の間に10社ほど再就職の候補会社が見つかり、順番に面接を受けた。しかし、なかなか採用には至らなかった。

自分の希望と相手先企業が求める人材像がマッチしないと再就職は難しい。当然のことながら、年齢が高くなればなるほど、就職先を見つけることは難しい。その時期はちょうど、多くの人が信じられなかった山一証券の廃業や北海道拓殖銀行の破たんなどが続き、日本にもリストラという言葉が一般的にになった時期と重なってしまったのである。

就職に最重要となる履歴書と職務経歴書

人材を採用する会社は募集後、面接してみようと思う人を決めるために、まずは応募者の履歴書と職務経歴書を見て書類審査をする。したがって、履歴書と職務経歴書はとても重要である。履歴書は当然のことながら、嘘を書くことは許されない。不本意な就職であったとしても、たとえ短期間の勤務で終わったとしても、自分が仕事をしてきた会社はすべて履歴書に書かなければならない。

より良い履歴書を書けるように指導してくれたり、自分が作成した職務経歴書を書き直してくれる人材紹介会社はある。しかし、どんなに魅力的な職務経歴書にブラッシュアップすることができるとしても、自分の職歴を変えることはできない。履歴書と職務経歴書を見ただけで、相手先企業からこの人と面接してみたい、この人を採用したい、と思わせるような誇れる履歴、職歴をいかに作るか、そのための努力こそが最も重要なことであると言っても過言ではなかろう。

Chapter 10

第10章　悪い結果は後で取り返そう

不採用通知に落胆する必要なし

私の場合、会社都合でW社を退職した後、W社の配慮もあり、就職支援の専門会社から支援を受けることができた。その会社から再就職先を探す方法、職務経歴書の上手な書き方、面接を受ける際の注意点など細かい指導を受ける機会に恵まれた。

しかし、全力で就職活動すれども採用決定には至らず、再就職先が見つかるまで、何ヵ月もかかって多くの会社の面接を受けた。その中には、実は日本の製薬業界では評判のよくない会社が含まれていた。その会社は、世界的に大きな外資系企業で業績も毎年伸ばしていた優良企業であったため、自分としても興味を持っていた会社であった。その会社の面接を受けた時の感触は自分なりによかったので、採用されるかな？ という期待が大きかったが、その会社からは「厳正なる選考の結果、残念ながら、貴殿のご希望に沿いかねる結果となりました。今後の益々のご健闘をお祈り申し上げます」

という一通の手紙が送られてきただけであった。

その時のショックは大きかった。しかし、落胆する必要はなかった。不採用の通知を受け取った時には、その会社が業界から嫌われ者とされていた会社とは知らなかったので、採用通知が来ていたらおそらく私はその会社に就職していたことであろう。

再就職に不利になる会社もある

その後しばらくたってから、ある人材紹介会社の人にその会社の入社試験を受けた結果、不採用になったことを話した時、意外な言葉を聞かされたのである。「その会社に採用されなくてよかったですよ。確かにあの会社は大きな業績を上げているグローバル企業ですが、日本の業界では嫌われている会社だから、その会社で仕事をすると次の再就職のときに不利になりますよ」という重要な忠告をしてくれたのであった。

その会社を含めて、結局、再就職先が決まるまで面接を受けた会社は10社にのぼった。少し時間はかかったが、最終的には10社の中で一番大きな外資系企業で、自分でも一番入りたいと思っていた米国のJ社に希望通りの条件で入社することができた。しかし、その会社の最終面接を受けてから、採用決定の通知が届くまで2ヵ月近く待たされた。

その理由としては、あくまで推測ではあるが、おそらく他に候補者がいたのではないかと思っている。むしろ第1候補は私ではなく、他の人であったかもしれない。その第1候補の人にオファーを出したのに何らかの理由で入社が決定せず、第2候補の私のところにオファーが来たのかもしれない。中途採用の場合はよくあることだ。人材会社もJ社の内情は聞き出せないのだろう。採用決定に時間がかかった詳しい理由は教えていただけなかった。

最善の結果を求めて焦らず粘り強く

いずれにしても、私の場合、業界から嫌われ者になっている会社に採用されなかったことは幸運であったといえる。その他に面接を受けた多くの会社はいずれもJ社より規模の小さな会社で、仕事の内容もいまひとつ魅力的なものではなく、希望年収以下のところばかりであった。時間はかかったが、辛抱強く就職活動を続けたことにより、後から考えれば、多くの会社から不採用通知が届いたのは不幸中の幸いと言えなくもない。その後、希望通りの職場への就職を勝ち取ることができたのだから。

無職の時代、就職に焦ると、どこでもいいから早く就職して収入を得たいという気持ちになるのは誰しも同じだと思う。採用通知が届けば、仕事の内容、給料、勤務条件、勤務地などで、よほどその会社に入社したくない理由がない限り、入社する人は多いだろう。しかし、業界によってはその後の再就職のときに有利になる会社と不利になる会社があることも知っておくべきである。たとえ入社時期が多少遅れたとしても、将来、自身の再就職に少しでも有利になるような会社に入社するほうが、長い目で見たときにはプラスになるのである。悪い結果であっても、落ち込む必要はない。後からもっといい結果を出して取り返せばよいのである。

Chapter 11

第11章　事前の調査はしっかり行おう

新しい職場に早く慣れること

J社に入社して分かったことだが、直近で勤務したW社と比較すると、同じ米国系の会社でも、かなり性格の異なる会社であった。

W社の場合、日本への新規ビジネス参入ということで、すべてが手探り状態で、医薬品以外の一般消費材と外国人向け薬局を経営していた日本の会社を買収し、その会社を足場に医薬品製造販売業を開始した会社であった。それに対して、J社は当時、日本でビジネスを始めてすでに20年くらいたっていた会社であり、安定した売り上げと利益を上げていた会社であった。その意味で、J社は外資系の会社でありながら、会社の雇用制度も考え方も日本風なところがあり、社員も長期間勤務している人が多かった。

いずれにしても、転職した際は、できるだけ早く新職場の環境や雰囲気に慣れることが重要である。どうしても入社したばかりの時期は、仕事上関係する人の名前と顔を覚えることが精いっぱいで、その人の考え方や仕事の進め方がわかってくるまではある程度時間が必要なものである。その前にできること、それはまず、新しい環境に素早く適応するよう心がけることである。

個性的な上司

私は2回目の転職であったため、戸惑いも少なく、職場の雰囲気と上司と同僚との関係でもすぐになじむことができた。上司は東京大学を卒業後、日本で最大級の製薬会社で長年仕事をし、その後、J社に入社、英語も得意で優秀な尊敬できる上司であった。

しかし、一風変わった個性の持ち主だった。関西出身の彼は、単身で都内の職場の近くに一人住まいをしていた。出社はいつも朝の4時頃、まだ電車が走っていない時間に会社に来て午前中には一日の仕事を終えるくらいの、典型的な朝型人間であった。朝4時頃に出社していることを知ったのは、私が徹夜で仕事をしたときの朝であった。ちょうど、役所に提出しなければならない書類の提出期限が迫っていてその作成に追われており、やむなく徹夜で仕事をしていた時、朝4時頃に突如、上司が出社してきたのであった。

普通の上司であれば、朝方4時まで残業している部下を見た時は、「遅くまでご苦労様」とか、「体は大丈夫かい？」とか、ねぎらいの言葉をかけてくれるのが普通である。その時間帯は本人の中では仕事をする時間帯だったせいか、我々がその時間帯に残業を続けていたのがごく当たり前のような顔をしながら、自席に着いて仕事を始め、残念ながら我々には一言の激励もなかった。

その時の出来事だけを見ても、私は個性的な上司だと思った。確かに、世の中には優秀な人ほど、案外個性的な人が多いとも言われている。私のような凡人は、常識的な時間に会社に来て常識的な時間に仕事を終わらせるのが自分の性分にあっている。

転職するときは理由があるもの

W社をリストラされた私は、次の就職先が決定するまで正味3ヵ月くらいを要した。

10社ほど、面接を受けたにもかかわらず、なかなか就職先が決まらず、ようやくJ社への入社が決定した。J社は10社の中では一番大きな世界的な企業であったし、社員を大事にする非常に良い会社だった。しかし、苦労してせっかくJ社に入社した私は、わずか2年足らずで自らの意思で退職することになった。それには大きな理由があった。

今まで自分がやってきた仕事とのズレがあったことである。新卒で就職する場合も再就職する場合も同じであるが、その会社に応募するまでの期間、応募した後、面接が行われるまでの期間、入社試験を受けてからオファーをもらえるまでの期間、そしてオファーを受け取った後で入社を承諾し、入社するまでの期間を含めると、就職先が決定するまでには相当な時間がかかるのが普通である。そもそも、入社試験を受けるからにはその会社のビジョン、業務内容や業績、どんなポリシーを持っている会社か、入社後自分が取り組むことになるであろう仕事の内容などをあらかじめ確認し、本当に自分がその会社で仕事をしたいのかを十分に調査してから最終的に決断すべきである。

一般的にも、決断して行動に移す前の十分な検討が重要であるということは常識である。阪急グループの創業者で、宝塚歌劇団の創業者でもある、小林一三氏は「事業成功の神髄を問われたならば、何事も軽率に着手しないことと答えます。着手するまでに十分考え、いわゆるバカの念押しをやってみることが大切です」と言っている。

応募する企業の調査とその企業を選んだ理由を明確に

最近、知り合った大学生にこんな人がいた。その学生は、MR（製薬企業の社員として、医療機関の医師に自社製品に関する医薬品情報を伝達する業務を行う人）になりたいが、会社はどこでもいいからということで、ありとあらゆる製薬会社の入社試験を受けていた。その学生は、面接のときに面接官から「わが社に応募した理由を教えてください」といった質問にどう答えていたのだろうか？ もちろん、「私はMRを目指しております。会社はどこでもよいのです」とは言わなかっただろうが。多くの面接の場合、応募理由を聞く類の質問は多いはずである。その質問に対して、たとえば、「御社の○○○○の点が競合他社と比較して優位な点であると考え、応募することにしました」とか「御社の企業姿勢として○○○○の点に対して敬意の念を持っており、応募させていただきました」とか、その会社に応募した理由をきちんと説明すれば、面接官の印象はのずと良くなるものである。この学生はわが社のことをよく調べているな。本気でうちの会社に入りたいと思っているな。こう面接官に思わせることができれば、その1点でライバルとの差別化ができるのである。

しかし、私も偉そうに言えたものではない。J社に応募した時、その会社の業務内容は認識できていた。長年勤務したS社、W社とも、市販用医薬品の開発企画と薬事の業務が自分が取り組んできた仕事であり、自分でも得意分野であり、自信も持っている、かつやりたい仕事であった。J社の既存製品に市販用医薬品は1品目もなかったことはわかっていた。主要製品は医療機器と医薬部外品と化粧品だったのである。海外本社が1ブランドだけ市販用医薬品を海外で販売しており、日本でも販売する予定があることは知っていた。

しかし、残念ながらそのブランドは私が入社後、同じJ社の他の事業本部が販売することになってしまった。自分の得意分野の業務ができないままJ社で長く勤務することは自分にとって辛いことだった。応募する前、応募した後もその会社のことを十分に調査し、最善の準備を行い、面接に臨むことは必須である。事前の調査はしっかり行おう。これが私にとってその後の教訓となったことは言うまでもない。

事前調査だけでなく、その後の検証も重要

スイスの哲学者であるアミエル氏は次のように言っている。「何か物事を決めようとするときは、誰もが失敗を避けようとするはずです。では、失敗を避けるために必要なことは何か。それは、見通しがつくことをすることです。どんなに知恵があっても技術があっても、見通しがないことをするのは無謀です」しかしながら、同じアミエル氏は、次のようなことも言っている。「注意しなければいけないのは、完全な見通しはないということを心に留めておく必要があることです。今、見通している未来は、あくまでもこのまま進むことが出来た未来。でもこのまま、時間が進む保証はいったいどこにあるのでしょうか？　予想外のことが起きる可能性の方が、このまま時が過ぎるよりよっぽど確率が高いです。では、その予想外のことが起きた場合をすべて考えておけばいい

のか？　時と場合によるとは思いますが、ほとんどの場合、それこそ時間の無駄になると言えるでしょう。人生は一度きりです。そして、時間も未来永劫あるわけではありません。その一つの事柄を完璧にこなすことのみに心を奪われて、他のことを考えたり経験したりする時間を奪っていいのでしょうか？　大切なのは、ある程度見通しが立ったら決断し、予想外のことが起きたら、その変化に対応する術を学ぶことです。トラブルを乗り越えることで、次にまた同じトラブルが起きたときに、適切に対処できるようになっていくのです。完全な見通しを考えている時間があるのなら、まずは決断し、行動するようにしましょう」。

引用が長くなったが、アミエル氏の言う通りだと思う。変化の激しい時代である。事前の調査が十分に必要であることは言うまでもないが、行動に移した後も、予期せぬ変化にどう対応するか、事前の調査は正しかったのか、軌道修正が必要か、常に検証していくことも重要であるということを知っていただきたい。

Chapter 12

第12章　良き人脈を作り、使いこなそう

やりがいのある仕事を見つけよう

前章で述べた理由だけでは、おそらく私はJ社を退職しなかっただろう。もう一つ、私に退職を迫らせる決定的な出来事が発生したのである。それは、欧州系の大手製薬会社の一つであるN社が、国内で有名な日用家庭用品の大手メーカーK社とジョイントベンチャーを設立して市販用医薬品のビジネスに参入するというビッグニュースが報道されたのであった。

日本でのビジネス参入にあたって、力を貸してくれないかというW社からの興味深い誘いを受けて、長年勤務したS社を退職し、W社に入社した。ところが、ビジネスが思うようにいかず、米国本社が日本からの撤退を決め、退職を余儀なくされた私は、欲求不満を抱えたまま、J社に入社した。J社では、残念ながら過去2社で経験してきた知識経験が十分生かされないままのやや不本意な仕事を続けていた。ちょうどその時期にこのニュースを聞いた私は、今度こそ本当にやりがいのある仕事に違いないと確信したのであった。もう一度、日本での新規ビジネス参入に一役買いたい、という野心が芽生え、思いきってJ社を退職する決断をすることになった。

いざという時に役立つ人脈

N社とK社のジョイントベンチャー設立の情報は当時、製薬業界ではセンセーショナルな話であった。通常、ジョイントベンチャーを設立する場合、両社から責任者と必要な人材を出し合い、新会社に出向させる方法が一般的である。外部からジョイントベンチャーに参画することは容易なことではない。しかし、私は何とかその会社に入りたいという強い思いがあり、いかにしてそのジョイントベンチャーに入社することができるか方法を考えた。

そこで思い浮かんだのが、W社時代に大変お世話になったS氏の顔であった。W社に入社の際、私に熱き真心あふれる手紙を書いてくださったS氏である。S氏は、W社閉鎖以降は第一線をしりぞいていた。しかし、彼がW社に入社する前に長年勤務されたC社は偶然にもN社の前身であった。W社に入社される数年前、C社と同じく欧州系の製薬会社S社が合併し、N社が誕生したのであった。ご存知の通り、外資系の企業においては企業合併、買収、事業提携などが活発に行われている。私はS氏ならC社在籍当時一緒に仕事をした同僚の方々が何人かN社に在籍されていらっしゃるに違いないと思い、S氏に事情を話し、N社への打診をお願いした。

S氏は私の申し出を快諾してくださり、さっそくN社が設立を準備しているジョイントベンチャーに外部からの入社の可能性があるか打診してくださった。S氏とN社との間でどのようなやり取りがあったのかは定かではないが、おそらくW社時代の私の仕事ぶりを評価してくださったS氏のことであるから、市販用医薬品の開発、薬事の専門家としてN社に売り込んでくださったのであろう。ほどなく、N社の面接を受けることができ、希望通り、私はジョイントベンチャーへの移籍の前提条件のもとN社に入社することができたのである。

人間は多くの人から学んで育つ

そもそも、人間が生まれて最初に接するのは両親である。そして、兄弟なり、祖父母といった同居家族と接し、幼少期から両親や家族からいろいろ注意されたり、生活の仕方を学び育っていく。幼稚園や小学校に通うようになると先生からいろいろ教えていただく。そして友達ができ始める。学年が上がれば上がるほど、友達も多くなり、家族と一緒に過ごす時間より先生や友達と一緒にいる時間のほうが長くなる。やがて学校を卒業し、社会人になると益々、家族よりも会社の先輩や同僚、友人との会話の方が増えていく。多くの人と接する時間が長くなればなるほど、多くの人たちからいろいろと学ぶことが出来、人間としても成長していくものである。

どんな人間でも一生涯に何らかの縁によって知り合う人たちの数はものすごく多いものである。大事なことは、どんな人と付き合うかである。付き合う人が良い人たちであれば、その人たちから人間として正しい生き方や人の見方、考え方を学ぶことが出来、理想的な人格形成ができるのである。

しかし、付き合う人を間違えると、いくら自分は正しい生き方をしていこうと思っていても、悪い遊びに誘われたり、一緒になって弱い者をいじめて楽しんだり、勉強しなければならない時に誘惑に負け遊びに夢中になってしまったり、自分の意思とは関係なく、ずるい生き方や人のだまし方を学んだり、悪い性格になってしまうものである。

付き合う人を間違えないこと

ましてや、生涯で一番大事な配偶者の選択を間違えると、それまでがどんなに幸福な人生であったとしても、一転、不幸な人生に変わってしまう。逆に、子ども時代恵まれない家庭で育った人であっても、いい人と巡り合い、結婚ができれば、不幸な人生から幸福な人生に転換することができるのだ。

当然のことであるが、付き合う人を選ぶことは非常に大切である。付き合う相手によって、自分の人生が左右されるのだ。付き合う人を決める際、家族や信頼できる先輩や親友の意見を聞いて慎重に考えることが重要である。学生時代はもちろん、社会人になってからは、自分にとって良き人脈を作ることは重要である。そして、社会で成功している人や、良き友人をたくさん持っているような人格者や、地域社会に広い顔を持っている有力者など貴重な友人を持っていると、自分の力ではどうしようもない苦境に陥った時に手助けを求めることが出来るのである。

作家の大前研一氏は、新たな人脈を作る大切さを次のような言葉で語っている。

「現状の人脈に満足してはいけない。あらゆる機会とすでにある人脈を駆使して、常に新しい人脈との出会いを求め、貴重な情報に触れることに驚きや喜びを見出してほしい」

S氏の尽力が功を奏し、N社に入社できた以降も、私は自分で築いた人脈が役に立って再就職できた事例を二回経験することができた。その詳細は後に記すこととする。

また、再就職の際、大企業になればなるほど、紹介状（letter of recommendation）が役に立つ。私もJ社への就職にあたってA先輩に紹介状を書いていただき、再就職を勝ち取ることができた。逆に、G社時代の同僚であったN氏がある製薬会社に応募した時には、N氏から私に紹介状を書いてほしい旨の依頼があり、私も喜んで、書かせていただき、結果、N氏はその製薬会社への就職を勝ち取った。

いずれにしても、人生で最も大事なのは付き合う人を間違えないことである。若い時から自分が出会った人、一緒に仕事をした先輩を大事にすることである。良き人脈をたくさん作っておくことが大事な時に役立つのである。若い時から良き人脈をたくさん作っておき、必要な時に自分が築いてきた人脈を効果的に上手に使いこなそう。これも社会人としての大切な知恵の一つである。

Chapter 13

第13章　企業文化の違いを乗り越えるために最善をつくそう

ジョイントベンチャーが抱える共通の課題

S氏のご配慮によりN社に入社した私は、くしくもその直後、再び大きな挫折を味わうことになる。N社に勤務した期間は4年弱であり、決して長くはなかったが、その期間は二つに分けられる。前半はK社とのジョイントベンチャーでの勤務、後半はN社に戻り眼科事業部での業務であった。ジョイントベンチャーNK社を軌道に乗せることは容易なことではなかった。

後から聞いた話であるが、両社はジョイントベンチャー設立に向けて検討、交渉、準備に2年以上要したようだ。しかし、設立後わずか1年半でそのジョイントベンチャーは解散されることが決定したのである。その最大の理由はNK社にとって本命製品として期待が大きかったスイッチOTC（医療用医薬品で長年の使用経験により有効性、安全性が確認された後に、市販が認められた製品のこと）の発売のメドが立たなかったことであった。スイッチOTCの開発、承認取得には最低でも3年程度必要である。

その本命の製品を発売できるまでの間、ＮＫ社はいくつかの製品（眼科用医薬品、動物用医薬品、雑貨品など）を発売したが、それらの製品の売上高は目標にはほど遠かった。残念ながら、本命の製品が発売されることを待たずにジョイントベンチャーは解散されることが両社で合意された。

その最大の原因を私は両社の企業文化の大きな違いと分析している。

大きかった企業文化の違い

ますますグローバル化の波が日本に押し寄せている時代である。日本の製薬企業も生き残りをかけて長期の安定と更なる発展のために、海外への販路拡大や、生産拠点の海外への移転、海外企業とのアライアンスなどが本格的に進んでいる時代である。どこまでも国内市場に専念するポリシーを持つ企業も少なくないと思う。しかし、海外企業がどんどん日本市場に参入し、他産業からの参入もあり、競合状況は刻一刻と変化し、ますます競争は激しくなっている。好むと好まざるとを問わず、高いアンテナを張り巡らし、国内外の有力企業の経営方針や海外戦略に関する情報を的確につかみ、自社の経営方針を決めて実行しない限り、長期にわたる安定的な経営は難しくなってくる。

日本企業と欧米企業では根本的に考え方が大きく異なる。国の歴史的な発展経緯、人種による考え方の違い、ビジネス環境の相違等々、様々な要因により、欧米各国と日本の企業文化は大きく異なる。ひとくちで欧米企業といっても、国によっても産業によっても違うし、同じ国でも企業毎に企業文化は異なる。ジョイントベンチャーNK社の場合、一方のN社は欧州で長年の経験を持ち、グローバルレベルで大きな企業合併を乗り越えた研究開発型の製薬企業である。かたやK社は日本で長年の歴史を持ち安定した経営を続けており、消費者志向をつかむのが大変得意な超有力企業である。当然のことながら、お互いにプライドも高い会社同士であり、両社の企業文化は大きく異なっていた。

お互いに認め合うべき文化の違い

会社といっても、構成しているのは一人ひとりの人間である。日本の企業の中でも従業員一人ひとりを見ると考え方も価値観も違う人が一緒に働くわけである。いくら企業の同じ目標に向かって仕事をしていても、仕事の進め方や会社や上司の方針に反発を持つ人や、文句を言う人もいる。そういうなかで意見をまとめるのは大変な努力が必要となる。ましてや、違う国の企業同士が一緒に仕事を進めるのであれば、自社の企業文化を押し付けず、お互いに相手の企業文化を柔軟に受け入れることが大切である。

夫婦でも同じである。独身時代に生活してきた家庭環境がまるで違う二人が、ある日突然一緒に生活を始めれば、それまでの生活の仕方や考え方の違い、価値観の相違、金銭感覚の違いなどでぶつかることがあるのは当然だ。我が家ではこうであった、うちではこれが常識だった、あなたの考え方は間違っている、などと言い争っていたら衝突の連続となってしまう。お互いに考え方を認め合い、生活の仕方に関する衝突をうまく解決したり回避したりという努力がない限り、離婚に至ってしまう。

それと同じで、ジョイントベンチャーもある種、企業同士の結婚のようなものであり、一緒になってみると、それまでわからなかったことが見えてくるものである。企業文化の違いを乗り越えない限り、グローバルビジネスの成功はないのである。

Chapter 14

第14章　将来の安泰はないものと思おう

退職の危機から救ってくださったN社の社内異動

いずれにしても、私が参画してビジネスがスタートしたNK社はわずか1年半で解散することになった。企業文化の違いが大きな原因の一つであったと思うが、それとともに直接的な原因は売上高の目標と実績の大きな乖離であった。本命製品のスイッチOTCの発売を待たずにN社とK社は残念ながら解散することになり、各社から転籍した人たちはみなそれぞれ元の会社に戻って新たな仕事に就いた。しかし、私を含めて何人かはジョイントベンチャーへの移籍が前提で採用されたことから、本来は退職するしか選択肢はなかった。

しかし私の場合、N社の人事部が動いてくださり、幸運にも社内で私の次の仕事を見つけてくださった。その職場は眼科事業部であり、その当時、画期的な眼科用新薬を厚生労働省に承認申請したばかりであった。早期の承認取得に向けて、キーマンとなる薬事のエキスパートをどうしても必要としていたのであった。私は人事部の配慮により、幸運にもその眼科事業部に1年ごとの契約社員という形で、薬事担当部長として招かれた。

そのチームに入ってみると、眼科事業部の開発薬事チームは総勢10名ほどの陣容であった。承認申請中の新薬の早期の承認取得に向けてチーム全体で取り組んでいた。もちろん、海外本社の開発部隊の人たちとの協力が不可欠であった。早期承認取得という、ただ1点の目標に向かって、そのチームには団結があった。海外本社の開発部隊との連携は頻繁に必要であったが、同時に承認申請中の医薬品の有効性、安全性を審査する実質的な審査を担当する当時の医薬品審査センター（現在は医薬品医療機器総合機構）の担当官とのやり取りも毎日のように必要であった。眼科事業部の開発薬事チームとスイス本社の開発部隊との協力が実り、晴れてその品目は予定通り、早期の承認取得、発売ができたのであった。

目標通り、承認の取得が得られ、薬事の仕事は一段落した。次の品目があるわけではなかったため、その年の11月下旬に私の契約社員としての翌年の更新がないことを、私はN社から知らされたのであった。

誰もがわからない企業の将来

将来の安泰はないものと思おう。この言葉は自営業者も含めていずれの社会人も弁えておくべき重要な教訓と言える。たとえ現在勤めている会社の業績が順調で、自分の仕事ぶりが会社から認められていたとしても、将来にわたって自分の立場が安泰なんてことはないのである。会社の将来は何があるかわからない。

何年も黒字経営を続けている優良企業が、ある年突然に赤字に転落することはよくあることである。事業年度の途中で業績予想を下方修正せざるをえないことも日常茶飯事である。また、企業合併には縁がないと考えられていた会社が突如、M&Aに巻き込まれることも起こり得る。国際的な競争が熾烈になればなるほど、国内企業、外資系企業を問わず、M&Aはますます盛んになることは必至な情勢であり、それにつれて経営側から以前のような鷹揚《おうよう》さが消えつつあるのかもしれない。私の場合、まさに油断があった。

私はN社眼科事業部においては、1年ごとに契約を更新する契約社員という立場だった。自分としては、新薬の早期承認取得に貢献した自負があったため、当然翌年も契約更新されるだろう、と安易に考えており、再就職活動を全くやっていなかった。眼科事業部で次の薬事の仕事があるか否か冷静に考えれば次の仕事はないな、と判断し、どんなに忙しい毎日を送っていたとしても、業務の合間をさいて翌年の仕事を探すべきであった。1年ごとの契約であったことは最初から分かっていたことだが、更新するかどうかはお互いの合意があってはじめて決まる。「会社側は翌年、あなたにやっていただく業務はありませんので、契約更新はしかねます」という回答は当然予想されることであった。11月下旬に翌年の更新はないことを聞かされ、その時点から私の翌年からの仕事探しは始まった。

今の時代、いくら恵まれた環境で仕事ができている人も将来どんなことが突然起こるかわからない。山一証券の廃業やリーマン・ショックをだれが予想していたか。

常に、将来の安泰はないと思い、いざという時のための準備をしていくことが重要なのである。

Chapter 15

第15章　何があっても折れない精神力を持とう

高齢になるほど再就職は困難

この時の私の再就職活動は年齢的なこともあり、J社への就職を勝ち取った時よりもはるかに苦戦を強いられた。

J社のときは3ヵ月間に面接を受けた会社が10社を数えたが、この時は面接をしてくれる会社すら出てこなかった。職務経歴書には、今まで勤務した4社における業績を詳細に書き、これまでのキャリアを評価し、自分の経験を買ってくださる会社を必死に探し求めた。しかし、人材紹介会社に相談に行っても、いい会社を紹介してくれることはなく、むしろ「あなたの収入は半分以下になるでしょう」と言われたことが何回もあった。

そんな中、縁あって、世界最大級の製薬企業P社の面接を受ける機会に恵まれた。その会社には以前から興味を持っており、何とか一度はあの会社で仕事をしたい、と憧れを持っていた会社であった。仕事の内容も私のキャリアと重なる、市販用医薬品の薬事業務の責任者のポジションだった。しかし、最終面接まで進んだものの、最後は残念な結果で終わってしまった。

人間同士の言葉のキャッチボール

面接は、人間同士の言葉のキャッチボールであり、就職を勝ち取るための一大勝負である。交わす言葉はもちろん大事であるが、相手に与える印象も重要な要素であり、何といってもアイコンタクトが重要である。限られた短時間の間でいかに面接官との最高の心のキャッチボールができるかどうかが勝負である。私としては、なんとしても入社したかったP社であったにもかかわらず、最も重要な最終面接において、心のキャッチボールに失敗したのであった。その時の面接官は外国人3名と日本人1名の4名であった。そのうち、一番中心となった面接官はグローバルの人事責任者の女性であった。

彼女の私を見抜く力はたいしたものだった。私の英語力の課題もあるが、その女性からの難しい質問に上手に答えることができなかった。彼女の眼を見ていると、どう見ても私の発言に納得していなかったように思われた。面接がうまくいったときというのは、自分の発言に面接官がうなずいてくれたり、合いづちを打ってくれたり、話が弾むものだ。そういった面接を受けられた時は、だいたい採用されることが多い。この時の面接は、他の3人の面接官は何回か私の発言にうなずいてくれたように記憶しているが、人事責任者の女性だけは私の発言に対してほとんど反応がなかったことを今でも鮮明に覚えている。この時の面接はその人事責任者が実権を握っていたと思われる。結果は、残念ながら採用は見送られた。面接する側も相手を見抜く力が求められるが、面接を受ける側も面接官の心を動かさない限り、厳しい就職活動には勝てないのだ。

必要な気持ちの切り替えと次へのスタートダッシュ

最終面接までいったのに、残念な結果になった時は、誰でもショックは大きいものである。しかし、そういう時こそ気持ちの切り替えと次への挑戦が重要である。米国の作家クリスチャン・ボヴィー氏は「失敗で何もかも失い、もうだめだと思った時もあきらめてはいけない。未来だけは残っているのである。希望を捨ててはいけない」と言っている。また、英国の詩人オリバー・ゴールドスミス氏は、「大切なのは一度も失敗しないことではなく、失敗するたびに起き上がることである」という名言を残している。どんなにショックなことがあっても、挫けず、少しでも早く次の目標に向かってスタートダッシュすることが大切である。何があっても、折れない精神力を持つことは、社会で勝利していくために必須の要諦である。社会人として成功を収めるためには、もちろん強靭な肉体も必要であるが、それ以上にタフな精神力が求められるのである。

Chapter 16

第16章　いざという時は気合いで勝とう

幸運にも巡ってきたチャンス

Ｐ社の最終面接に失敗した私は落ち込むことなく、次のチャンスをうかがった。幸運にも、ほどなく次の候補会社が見つかった。こんども製薬業界で世界最大級の欧州系製薬会社であった。

この会社の面接も実に大変だった。電話面接も入れて都合5回、合計6名の人たちの面接を受けた。外国人面接官との電話による面接は1時間半もかかった。その後、私の直属上司となるフランス人責任者との2回目の最終面接を受け、入社が決定した。

予想できなかった面接時の質問

最終面接でそのフランス人から私は一風変わった質問を受けた。「いま、あなたにやって欲しいポジションが実は二つある。ひとつは課長職、もう一つは部長職である。どちらがいいかい?」という予想もできない質問であった。

入社後にわかったことであるが、最初に私が面接を受けた時は課長職候補としての面接であった。しかし、私が何回か面接を受けている最中に、どうやら当時の部長から退職願いが出されたようである。何ヵ月も前から採用活動を続けていた課長職になかなか適任者が見つからなかった上、さらに部長が退職してしまうわけだから、会社としてはとても痛い話であった。技術系の部署のため、空席になったからと言って、他の人がすぐに兼務できる部署ではなく、後任の部長の採用を最優先で急がなければならない事情があったのである。

彼の質問には私もびっくりしたが、もちろん私は、「課長職よりは部長職のほうがいいです」とはっきり答えた。次の質問は「部長職はより大きなプレッシャーがあるが、やっていける自信があるか?」という質問であった。その質問に対し、「プレッシャーの少ないポジションの方がいいです」とは言わず、「プレッシャーが大きくてもやっていく自信はあります」と気合いを込めて答え、その直後、部長職として採用されたのであった。

即座の気合いが大事

そのフランス人上司との最終面接はわずか10分ほどで終了した。一回目の面接でしっかり話ができていたため、彼は私の経歴と人となりは十分わかっていたのであろう。おそらくは、その後、長時間の電話面接をしてくれたオーストラリア人を含めて私を面接してくれたすべての人たちからポジティブなコメントを得たうえでの最終面接であった。今から思えば、ほぼ採用を決めたうえでの私の意気込みの確認とポジションの打診のための最終面接であったように思う。

最後は、私の気合いで勝ったのである。いざという時は気合いで勝とう。これもすべての社会人にとって大切なことである。

司馬遼太郎氏の有名な著作『坂の上の雲』第5巻に次の一節がある。「気合いのようなものだ。いくさは何分の1秒で走りすぎる機微をとらえて、こっちへ引き寄せる仕事だ。それはどうも智恵ではなく気合いだ」。

ライブドアの創業者として有名な堀江貴文氏も次のように言っている。「何をやるにしても気合いと根性ということになります。ものごとを複雑に考えずにシンプルにやるべきことをやる。成功の道は本当にこれだけなのです」。

Chapter 17

第17章　ライバルと思われるような自分になろう

入社後の最初の仕事は組織整備

G社に入社した私を待っていた最初の仕事は組織整備であった。私が面接を受けていた間に前任の部長が退職し、その人の後を追うように何人かの退職者が相次いで出てしまった。どんな会社でも幹部の退職者が出ると、後に続き会社を去って行く人が現れることはよくあることである。しかし、仕事の内容をよくわかっている、部の中核で頑張っているベテラン社員が退職してしまうのは会社にとって困りものである。

入社後の私は、さっそく退職社員の補充のための新規採用に追われることになった。タイミングが良かったこともあり、候補者は比較的早く見つかった。面接してみるといずれも即戦力になれそうないい人たちが集まってくれた。新たに課の設置も実施した。課長には同じ会社の医療用医薬品部門で長年仕事をしてきた人を迎えることができた。私が入社してからの最初の1年間で組織整備が思うようにできたのであった。

ライバルと思われる存在に

どんな会社でもライバルの存在は重要である。ライバル同士が切磋琢磨していくことによってお互いに成長できるのである。

私の場合も社内にライバルと思える人がいた。向こうはどう思っていたかわからないが、私自身はその人を常にライバルと思って仕事をしていた。しかし、自らライバルを作り、その人に負けたくないと思って頑張ることも大事であるが、もっと大事なことは多くの同僚からライバルと思われるような自分になることである。誰からもライバル視されないような人間では寂しい限りである。普通は、自分より優秀な人間をライバルとして目標にするものである。したがって、ライバルと思われないようでは、自分が相手より人間的な力が劣っていると言わざるを得ない。多くの同僚からあの人のようになりたい、あの人を目指そう、と思われるような、あこがれの存在になることが重要なことである。

Chapter 18

第18章　英語には慣れていくしかない

日本における英語教育のあり方

そもそも私は、日本の英語教育は遅れていると考えている。一昔前の日本では、英語の授業は中学校から開始していた。今でこそ、小学校からの英語教育の必要性が議論され、高学年から英語の授業が始まっており、ようやく文部科学省も二〇一三年、三年生からの英語教育をスタートさせる方針を決定した。東南アジアの主要国では、もっと前から英語の学習に力を入れている国もある。英語より日本語教育の方が重要であるという考え方の教育者、学者はいまだに多いと言われている。しかし、国際化が益々進む中にあって、日本語と同じくらいのレベルで英語を使いこなせる学生を育てていかないと、日本の産業界全体の国際競争力は上がらないと言っても過言ではなかろう。英語を母国語としない多くの国が幼少期からの英語教育に力を入れている状況を考慮し、日本もできるだけ早い時点で、小学校低学年から日本語教育と同じくらい英語教育に力を入れるべきであると考える。

親のどちらかが外国人だったり、帰国子女の場合、子どもが誕生した場合、小学校に入学する時点でアメリカンスクールに入学させるか、普通の小学校に入学させるか迷う人が多いという話をよく聞く。アメリカンスクールに通わせると英語教育はしっかりやってくれるが、日本語教育は遅れてしまう。逆に普通の学校に通わせれば、日本語はしっかり教育してくれるが、英語教育が遅れてしまう。どちらを優先すべきか判断を迫られるのが現状である。経済的に恵まれた環境であれば、どちらの学校に入学させるにしても、遅れてしまう言語の教育のために家庭教師をつけることもできるが、相当な経済的負担を覚悟しなければならない。

求められる英語によるコミュニケーション能力

私の場合、中学校に入ってから英語の授業を受けたが、幸い中学生時代から英語に興味を持っていたし、成績も良い方であった。そのため、社会人になってから、S社時代、英語の文献を読まなければならない時もあったが、抵抗なく読むことが出来た。

しかし、S社退職後、転職したW社、J社において、私は自分の英語力の低さを痛感することになった。特にJ社では、年に2回、アジア・パシフィック・リージョンの薬事責任者が集まる定例の会議に出席しなければならなかった。プレゼンやスピーチを聞いている時間はまだよかったが、少人数のグループ・ディスカッションが行われる時、一つのテーマで皆が意見を出し合う場では、他のメンバーが話をしている内容が十分に理解できなかったり、自分の意見を英語で上手に話せなかったり、大きな苦労があった。今でも覚えているが、多くの参加者がいた中で、自分ともう一人韓国からの出席者以外は皆英語が達者な人ばかりであった。

さらにG社時代、高い英語力が求められた。努力の結果、直属の上司となったフランス人の本部長との人間関係を良好に保つことができるだけの英語力を身につけることが出来た。同僚の部長は6人中3人が外国人であった。一人はファイナンス部長の英国人、一人はマーケティング部長の若い英国人女性、もう一人は特殊プロジェクト責任者のニュージーランド人だった。その他、オーストラリア在住の薬事責任者とは常時、メールと電話で連絡を取り合った。その薬事責任者は入社前、1時間半にわたる電話面接をしてくれた人である。彼は年に3回くらい来日し、私及び部下とも直接会ってさまざまな打ち合わせをしたが、出張の時以外にも定期的に2週間に1度のペースで電話で直近の報告を行い、当面の課題について話し合い、彼からのさまざまなアドバイスを仕事に反映させることができた。こういう日常的な会議や電話での英語による話し合いにより、私の英語力も自然と磨かれた。

しかし、私が一番苦手だったのは、大勢が参加する電話会議だった。1対1の会話であれば聞き取れなかったことを聞き直すこともできるが、電話会議の場合は待ったなしで進行するので、聞き取れなかったり、理解できないことがあってもよほどでないと「もう一度話してください」とは言いにくいものである。英語が決して得意でない日本人にとっては、どうしても不利である。とりわけ議論が白熱すると、会話のテンポも早くなり、誰かがしゃべっていても他の人が話しだしたり、話が錯綜してくるとよほど英語が達者でないと対話についていけなくなる。それでも電話会議に何回も出席していればだんだん慣れてくるものである。そういった実践の場で、自身の英語力を磨いていく以外に方法はないのだ。

イングリッシュ・デーの試み

G社時代、部全体の英語力の向上を目的にイングリッシュ・デーを設ける試みを行った。1ヵ月に1回、その日一日は日本語禁制にして朝の挨拶から帰りの挨拶まで仕事の打ち合わせも含めて日本語を一切使わないようにして、全員が英語で話をしようと提案し、半ば強引に実行した。しかし、その日がくると普段以上に静かな職場になってしまった。皆が必要以上のことをしゃべらなくなってしまっただけであった。業務の細かな打ち合わせは、日本語でも説明が難しいような専門的な話を英語でするのは困難であり、イングリッシュ・デーはわずか3回の実施で頓挫した。

また、現職においても、高い英語力が要求される職場で仕事をしている。英語のメールの送受信だけでなく、英語の書類を短時間で読んで理解しなければならないし、英語で書類を作成しなければならない時もある。また、自分としても苦手にしている電話会議が定期的にある。自分の英語力がもっと高ければ、仕事も苦にならないし、電話会議や海外出張ももっと楽しめるようになると痛感している。

グローバル時代に求められる社会人とは?

いずれにしても、日本でも小学校低学年から、多くの時間を割いて英語教育に力を入れるようになれば、日本人も社会人になった時点での英語力のレベルは間違いなく一段とアップできると考える。

現在は、一流企業でも、TOEICで一定以上の点数を取っていることを入社試験の条件にしている企業も多くなってきた。学生時代までの自己研鑽による英語力アップが本人の自己努力に委ねられすぎていると思う。国をあげて、日本人全体の英語力の向上に本腰を入れることを提案したい。一人ひとりにとっても、英語力をアップさせるためには、英語学校に通うだけでなく、外国人の友人を作るとか、何らかの方法で英語を使う時間を長くするしかない。英語には慣れるしかない。英語力はグローバル時代に生きる社会人に求められる要件である。

Chapter 19

第19章　自らの言葉に責任を持とう

再開させた部内会議

G社に入社した私は、前任の部長時代に定例で行われていた部内会議が半年余り開催されていなかったことを聞き、再開するようにした。初めのころは部内会議といっても小さな部であったため、参加者は少数であったが、中途採用者の増加や、徐々に課の編入などにより部内会議の出席者が増えてきた。それにつれ、部内会議で私が発言した内容を巡って、たびたび議論が沸騰した。社員にはいろいろなタイプの人がいる。同じ部署であっても、会社に長くいるベテラン社員から私が入社した後に私自身が採用した新人までさまざまな社員を抱えていた。

大勢の人の前で話をするときは、言葉に気をつけるべきである。同じ話をしてもその受け止め方は人によって千差万別である。十分考えた上での発言でないと、予想もしない質問が出たり、追及されることもある。話を聞く側の社員が持っている情報は人によって異なるし、理解力も人によって差がある。同じ話をしてもすべての人に同じように理解させることは難しい。少なくとも誤解されないように話をしないといけない。

私の場合、部内会議でたびたび部下の人たちから予期しない質問が出たり、時には追及されることもあった。立場上、部下には言えないこともあり、質問や追及に対してどう回答すべきか難渋することもしばしばあった。しかし、そういったときに、責任者は逃げることは許されない。全員の前で話せないことは、はっきりその理由を言う。話せることは率直に話す。その場で質問に答えられない場合は、期日を決めて期日までに回答することを約束する。

管理職に求められる資質

こういった、当たり前のことがなかなかできないのが会社である。部下からの質問や追及も決して、部長を蹴落とそうとか、困らせてやろう、といった悪意があっての話ではない。純粋に自分たちが気持ちよく仕事ができるようにしたいために、知りたいこと、困っていることを訴えるのである。その部下たちの率直な意見や要望をすべて聞き、解決してあげるのが上司の役割である。したがって、人の上に立つ責任者には、包容力、行動力、決断力が求められるのだ。

政治家など影響力の大きな立場にある人間に失言が多いことも日本では珍しくない。失言というのは、言った本人にとっては、大きな問題になるとは思わず、軽はずみにしゃべってしまい、その発言がマスコミやツイッターなどで問題発言として取り上げられることによって、あっという間に騒ぎが大きくなってしまうことが多い。しかし、口が滑ってしまった失言と言えども、わずかひとことの失言によって、辞職に追い込まれたり、人生を狂わせてしまう人があまりにも多い。本人は、軽はずみでしゃべってしまったことでも、一度言ってしまったことは取り返しがつかないのである。よく失言した人が後になって、本意ではなかったとか、発言を取り消します、などと言い訳をする姿がテレビで報道されるが、失言のほとんどは、本人が日頃、思っていることがつい言葉になってしまうのであろう。確かに、記者会見などを見ていると、記者もしたたかで、センセーショナルな発言を引きだそうと、意地悪な質問をしたり、誘導尋問をしたりして、いかにも失言を待っているかのように感じることも多い。記者会見を面白くしようという思惑が見え隠れして、メディアの姿勢に首をかしげたくなることもある。

一般の会社にあっても、管理職となって、部下を引っ張っていく立場に立つ人間は、自身の言葉の一言一言に責任を持たなければならない。当たり前のことのようだが、その当たり前のことがなかなか実行できないからこそ、自らの言葉に責任を持とう、とあえて言いたい。

大事なことはバランス感覚

人の上に立つ人には大きく分けてふたつのタイプがあると思う。

一つのタイプは自ら責任感をもって仕事に取り組み、部下の仕事の出来が悪くても何とかカバーしようとするタイプの人。もう一つのタイプは、自分では努力をせずに部下に指示だけを出し、多くの仕事をさせ、それでいながら出てきた成果を自分の業績のように発表し、自慢するタイプの人。

私はそのどちらも極端すぎると思う。自分一人になっても、成果を出すリーダーシップも重要である。と同時に、責任者になれば、部下に上手に仕事をさせることも重要である。部下の成果が部署の成果になり、部署全体の成果が会社の業績になって現れる。

大事なことは、一人ひとりがバランス感覚を持って仕事に臨むことだと思う。むしろ、いくら自分の部署が成果をあげたとしても、部下の努力により得られた成果であると会社の上層部に報告し、部下を褒め称えてあげるような、謙虚さと度量の深さが、上に立つ人間にとって大切なことであると考える。

Chapter 20

第20章　多くの人から誘われるような魅力ある人間になろう

職住接近をめざし、踏み切った転居

G社で、夜遅くまで仕事をせざるをえない日が続き疲労もたまり、結局私は自身の健康維持のため、会社の近くへの転居を決意した。

S社を退職してから何回か転職を繰り返してきたが、その間私はずっと横浜の自宅から都内の職場まで通っていた。通勤時間は片道1時間~1時間半であった。都内に勤務しているサラリーマンはそのくらいの通勤時間は当たり前であって、中には片道2時間も2時間半もかかって通勤している社員も多い。私はG社に入社するまでは通勤時間が苦になったことはなかった。

G社のときも家からの通勤時間は1時間20分程度で、決して通勤できない距離ではなかったが、勤務が厳しくなり、年齢とともに体力の低下もあり、長年住み慣れた横浜の土地を離れ、会社の近くに条件の合ったマンションを見つけ、思い切って転居することにした。

職住接近という言葉はあるが、現実的には理想で終わってしまうことが多いと思うが、可能であれば理想を実現することは大事なことである。夢を見ているだけの人生から夢を実現できる自分に自らの努力で挑戦し、勝ち取っていくことが大事である。

何故か気の合ったR氏

G社では多忙な毎日であったが、自分の部署の部下の人たちだけでなく、部署の違う多くの社員と交流することができた。なかでも、事業開発部のR氏とは仲が良かった。R氏は親子ほど年の離れた年下の優秀な社員であった。なぜか、R氏は私のことを慕ってくれた。

今の時代、仕事が終わってから職場の仲間と誘いあって呑みに行く人は一昔前と比べるとかなり減っている。以前は、仕事が終わった後に呑みに行く相手は同じ会社の同僚というケースが圧倒的に多かったが、最近の若い人たちは呑みに行く相手は同じ会社の人ではなく、友人であったり、恋人だったり、というケースが増えているようである。

仕事が終わった後まで会社の人たちとお付き合いするのは勘弁してほしい、という現代的な割りきった考えの若者が多いようである。したがって、部の仲間の歓送迎会や暑気払い、忘年会を計画しても全員参加は難しかった。

そんななか、R氏からは「今夜、一緒に呑みに行きませんか?」とたびたび誘われるようになった。毎回は付き合えなかったが、R氏と呑みに行くと楽しい語らいができた。相性があったのだろう。親子ほどにも年が離れていたにもかかわらず、気が合ったのである。しかも、R氏は私と呑みながら話をすると楽しいと言い、誘うのは決まってR氏であった。中高年になり、しかも部長という立場上、自分からは特定の部下やほかの部署の社員を誘いにくいものである。しかし、呑みたい相手と一緒に呑みたいものである。酒が決して強くない私にとっては、自分から誘うことはめったになかったが、呑みに誘われることは嬉しかった。

人間は、誘うタイプと誘われるタイプに分かれるようだ。私はどちらかというと自分から誘うほうではなく、誘われることが多い。誘われるということは好かれているということである。多くの人から誘われるような人間になれれば、自分が好かれている、信頼されている証拠である。

魅力ある人間となるために

どうすれば、多くの人から誘われるような人間になれるのか？　そのためには、自分が魅力的な人間になるしかないのだ。魅力的と言っても外見は変えられない。変えられるのは心である。誰からも好かれるような性格の良い人は黙っていても、多くの人から誘われるようになるものである。長い引用になるが、心の美しさがいかに大事であるか、米国の思想家ラルフ・エドワード・エマーソン氏の言葉を引用したい。

「美しいという言葉は、外見だけを表しているわけではありません。心や立ち振る舞いにもその人柄が表れるのです。どんなに素晴らしい容姿を持っていたとしても、その心が美しくなければ、何の意味もありません。外見的な美しさは年齢とともに失っていきます。しかし、若い時には表現できない美しさを手に入れることが出来ます。その美しさは、傷つき、悩み、苦しみながら生きた人だけが得られるものです。内面的な美しさがあれば、その心に惹かれて同じく内面が美しい人が来るでしょう。素晴らしい人と出会いたいなら自分がその人にふさわしくならなければなりません。良き行いをすることは、自分の美しさのためにも、望むような人と出会うためにも大切なことです。外見を悩んだりするより、心が美しくなることに重きを置き、毎日を過ごしましょう」

まさに、エマーソン氏の言う通りだと思う。心こそ大切なれである。

Chapter 21

第21章　非常時こそ冷静に振る舞おう

励みになる顕彰制度

G社時代、私はさまざまな点で満足できる仕事をすることができた。入社1年後には昇格（役職は入社時から同じ部長であったが、社内の等級で昇格できた）することができ、年収は大幅にアップした。また、何回か会社から表彰を受けることもできた。

毎年1回、世界各国の薬事責任者が一堂に集まって英国か米国で会議が行われていたが、2005年と2009年の2回にわたって、Recognition Awardという賞を受賞することができた。また、2007年には日本の社内でBest of 2006賞をいただくことができた。この賞は私だけでなく、他の部下たちと一緒に表彰されたものであった。その他にも何回かAce Awardという表彰を受けることができた。自慢話になってしまい、恐縮であるが、このように会社から表彰を受けることは嬉しいことであり、次への励みになるものだ。G社はグローバル企業であり、社員のモチベーションアップのためにさまざまな顕彰制度を設けていた。日本国内でも社員の士気向上、次への励みにするために多様な表彰制度を設けている会社も多い。

また、社内の表彰だけでなく、G社で仕事をするようになってからは、何回か社外のセミナーに講師として招聘されるようになった。また、学会での講演の依頼も受けるようになった。公私にわたって栄誉ある仕事をさせていただいたG社時代、多くの思い出に残る経験を積むことができた。

不運な出来事は突然起きるもの

G社時代の6年半で、私の直属上司だった事業本部長は3人交代した。最初がフランス人、2人目、3人目は日本人であった。私は3人すべての事業本部長とも良好な人間関係を築くことができた。3人目の事業本部長の就任時に、不運にもG社に大きな問題が起きてしまったのである。

3人目の事業本部長が就任し、間もない時期であった。大問題が発生した時こそ、冷静に対応することが大事である。対応のスピードは求められるが、拙速に進めるのとはわけが違う。新任の本部長と一緒になって、実務上の責任者として、その問題に対応しなければならなかったのが立場上、私であった。

今までに経験したことがなかった問題である。会社としても頻繁に発生する問題ではない。役所との打ち合わせ、営業部や販売会社との折衝、社内各部門との調整、海外本社との連携、外部からの問い合わせの対応等々、さまざまな方面にあらゆる角度からこの問題の早期収拾のため、不眠不休の対応に追われた。役所の担当者とも夜中の2時過ぎまで電話やメールで打ちあわせをした日もあった。

今まで経験のない事態であったため、多くの失敗も反省点も大混乱もあった。しかし、そういった非常事態であればあるほど、冷静・沈着に対応することが求められるのだ。どんな非常事態であっても常に冷静に振る舞おう。これは自身の経験から言える教訓である。

Chapter 22

第22章　プレッシャーを力に変えよう

人材の効率的な活用

G社では私の責任範囲が徐々に拡大されていき、結局今までの人生の中でもっとも多くの仕事をした6年半を過ごすことになった。

私が入社した時、開発薬事部に課は二つ、薬事1課と薬事2課だけであった。入社1年後に法的な対応のため、自社製品の安全対策の課を独立させる必要があり、安全管理課を設置した。その後3年目に、当時、G社のお客様相談室は別な部に所属していたが、そこの部長が退職することになり、お客様相談室は私が担当している開発薬事部に編入されてきた。さらに、その後、事業本部長直轄の組織として独立していた品質保証課が私の部に編入された。結果的に、私が当初、部長で入社したときには、2課8名の陣容だったのが、最終的には製品開発、薬事、安全性管理、品質保証、お客様相談など、事業本部内で技術分野の従業員が行う業務のほとんどをカバーする5課25名の大世帯の部に拡大されたのであった。決して私が有能だったわけではない。外資系企業特有の合理化と人材の効率的活用を進めた結果であった。

特にお客様相談業務は大変な仕事であった。電話をかけてくるお客様の約2割は不満があって電話をかけてくる。その電話にひたすら低姿勢で丁寧に対応しなければならないのである。S社時代にも私はお客様相談室業務の責任者をした経験があるので、その苦労はわかっていたが、時代も違い、扱っている製品も違い、単純な比較はできないが、G社の相談室の業務は容易ではなかった。男勝りの性格であった女性責任者を含めてスタッフもベテランが多く、皆がどんな苦情にも冷静に上手な対応をしてくれた。それでも、業務方法の改善や、所属の変更などが予定されたこともあり、私はこの部署のハンドリングにかなりの苦労を強いられることになった。

人事案件に関する厳しい指示

私がG社において最も苦労したことは人事案件であった。当時の日本法人はアジア・パシフィック・リージョンに含まれていた。私は、日本のための仕事しかしていなかったにもかかわらず、業績賞与の評価は、私個人のパフォーマンスだけでなく、アジア・パシフィック・リージョン全体の業績が反映されていた。アジア・パシフィック・リージョンの責任者が、3～4ヵ月に1回のペースで来日し、日本のビジネスの状況把握と今後の戦略の決定を下していた。

その責任者から私にプレッシャーとなる二つの大きな指示が出された。指示の一つは人減らしであった。5課25名の部の人員に対して責任者は疑問を呈したのである。日本以外の国は人口も少なく経済規模の小さい国が多いこともあるが、同じ部門の社員は10名以下か多くても15名でこなしているということであった。日本はそれらの業務になぜ25名も抱えているのか？　というのが、アジア・パシフィック・リージョンの責任者の疑問であった。私は、日本の薬事法が特有であること、医薬品などの承認審査が厳格であること、製薬会社に求められている要件が多いことなど、さまざまな日本特有の理由を説明して、これだけの人員が必要な理由を主張した。それでも、責任者は納得せず、複数年の計画で仕事の効率化と減員計画を立てざるを得ないことになった。

アジア・パシフィックリージョン責任者からのもう一つの指示は、パフォーマンスの低い人員を降格せよ、という指示であった。退職を勧奨したり、不本意な人事異動をするとか、降格させるとか、従業員を管理する管理職にとってはうれしい仕事ではない。決して、人の管理を得意としているわけではない私にとって、その責任者からの指示はすべてプレッシャーであった。

プレッシャーとどう立ち向かうか

仕事で大きなプレッシャーを感じた時、それに負けているわけにはいかない。大事なことはプレッシャーにどう立ち向かうかである。私は、大きなプレッシャーであればあるほど、そのプレッシャーを乗り越えていくことによって、自分に力がつくのだと考えるようにした。事実、人事案件で苦労したこと、上司を納得させる計画を立てることに努力したことが自分にとってはいい経験になったし、大きな力となったとその責任者に感謝している。

長年の間、毎日のようにプレッシャーの中で活躍を続けてきたメジャー・リーガーのイチロー氏はプレッシャーについて次のように言っている。「行き着いた一つの答えは、プレッシャーを克服する方法なんて、結局はないんだということです。以前はプレッシャーがない普通の状態に近い自分をどうやって取り戻すことが出来るのか、そういう薬みたいなものを探していました。でもそんなものはないんだというのが現段階の結論です。そう思えたことは大きいですよ。あるかもしれないと思っているのと、ないんだと割り切っているのとでは、プレッシャーに対する向き合い方はまったく違ってきますから」

大きなプレッシャーがあっても、それに萎縮したり、負けることなく乗り越え、むしろプレッシャーを自分の力に変えていくことが社会人にとって重要なことである、と私は考えている。

Chapter 23

第23章　60歳からは自分で自分を売り込もう

人材紹介会社が熱心にサポートしてくれるのは中年世代まで

G社を定年退職する直前に、W社で二人目の社長として私の上司であったS氏から紹介していただき、私は個人の薬事コンサルタントとしての職を得た。S氏は、W社が日本から撤退してからもただ一人、W社の海外本社と顧問契約を続けていた方であり、私がW社を退職した後も連絡を取り続けていた。ちょうどその頃、W社の海外本社が日本でのビジネス再開を検討し始めた。ついては、W社の世界的に発売していた製品を日本に導入するための開発計画の策定に協力してほしいと、S氏を通じて依頼されたのであった。S氏とともにW社の米国本社に出張し、期間限定の顧問契約を締結し、私が一番得意としている、海外の市販用医薬品を日本で発売するための開発計画書の策定に携わることになった。W社を退職以降もS氏と良い関係を保っていたことが、その仕事をさせていただくきっかけとなり、S氏とは現在も良い付き合いが続いている。

W社の米国本社は、私が作成した開発計画書と別途、大手のコンサルタント企業に日本市場に進出した場合の採算性に関する調査を依頼した。コンサルタント企業から提出された事業計画書と私が策定した開発計画書が米国本社において慎重に検討された結果、残念なことに日本への再進出は見送られ、その仕事は終了となった。そのため、私は再度、再就職活動を始めた。

しかし、人材紹介会社にお願いしても、60歳を超える年齢になると、なかなか採用案件は出て来ないものである。たとえ、魅力的な案件を見つけたとしても、そのポジションに応募した後、次の連絡が途絶えることがほとんどであった。

日本では、60歳を過ぎてからの良い就職先を見つけることは非常に難しいと言わざるを得ない。

自らのチャレンジが功を奏す

人材紹介会社からの案件を待っていても難しいと判断し、私は自身の知識・経験をフルに活用できる職場を目指して、これはと思う製薬会社に自分の履歴書と職務経歴書、自身の強みと応募の理由を書いた手紙を送ってみた。それほど期待していたわけではなかったが、「下手な鉄砲、数打ちゃ当たる」ということわざもある。私の場合も、結果がどうであれ、興味ある会社にあたってみたいという気持ちがあり、何のコネもない製薬会社の人事責任者宛に書類を送付した。まさに人の押し売りであった。もちろん、何の返答もいただけなかった会社もあったが、お断りの文書や電話を下さった会社もあった。それらの会社のうち2社からは前向きなお返事をいただくことができた。興味があるので、直接話をしたいということで、面接していただき、最終的にその2社と顧問契約を締結することができ、現在も顧問という立場でサポートを続けている。

中高年になってから、自分が長年勤務してきた会社より大きな会社に入社することは、ほとんど不可能であるとお考えの読者も多いと思うが、私の経験から考えると、決して不可能ではないと考える。自分が現役時代にやってきた仕事に自信を持っていて、新たな職場で自身の知識・経験を活かした仕事をやりたいという意欲があるなら、人材紹介会社に頼ることなく、自分で自分を売り込み、仕事を取ってくるという、積極的な行動をすべきであると訴えたい。

Chapter 24

第24章　社会で生き抜く強みを持とう

いじめ問題の本質

著名な実業家小林一三氏は「自分の持つ長所を確信することである。確固たる思想をあくまでも維持することである。訓練式タイプ型のみに憧れず、何人ももつ自分自身の長所を顧みて、それに磨きをかける人の多からんことを切に希望する」と言われている。同じく小林氏の言葉に「下足番を命じられたら、日本一の下足番になってみろ。そうしたら、誰も君を下足番にしておかぬ」がある。

今の若い世代は大きな夢を持っていない、あきらめが早い、苦労を避ける傾向がある、などとさまざまな批判があることは残念でならない。小中学生の間でいじめの問題が蔓延している。人間は皆大なり小なり弱肉強食の悪しき心を持っていると思う。いじめといっても、いじめる側はそれほど悪意があってやるのではなく、いたずらな気持ち、からかうだけの軽い動機で相手が嫌がることを楽しむかのような場合がほとんどであると思う。最初はいじめた相手の反応を見て楽しんでいるうちに、徐々にエスカレートして大きないじめに発展することが多い。

しかし、いじめを受ける側の受け止め方は決して軽いものではない。軽いいたずら心で始まったいじめであっても、いじめを受けた相手は重く受け止め、心に大きな傷を負ってしまう。誰にも相談できずに自分の殻に閉じこもったり、さらにはいじめられる相手と会うのが嫌になり、学校にも行けなくなったり、最悪の場合は自殺を考えるようになってしまうのである。いじめの時期をなんとか乗り越えた後には厳しい受験競争が待ち受けている。そして、そのあとにはさらに厳しい就職競争に勝ち残っていかなければならない。社会人になってからも、希望通りの仕事に就職でき、社会人として成功し、結婚、出産、子育て等々、長い人生において自分の思い描いた理想的な人生を歩める人はむしろほんのわずかであろう。

誰にも負けない強みを持つこと

長い人生、どちらかというと、思い通りにいかないことのほうが多いものである。そういった現実を分かっている人ほど、どうせ苦労してもそんなに幸せになれるわけではないととらえ、大きな夢を持たず、無理をせず自分にあった自由気ままな人生を送りたい、という現実的な考え方を持っている若い人たちが増えているのだろう。そんな時代背景があるからこそ、限定正社員制度のような新しい雇用形態が生まれようとしている。確かに終身雇用制度が崩壊し、どんなに大きな会社に就職できたとしても、それで一生涯の幸福が約束される時代ではない。ましてや、定年まで頑張って働くことができたとしても、定年を迎えたあとに次の仕事につけるか、どれだけ年金をもらえるか予想ができない時代である。

そこで私が言いたいのは、どんな時代が来ようとも、たとえ、突然リストラにあったとしても、そういった危機を乗り越えられるだけの自身の力を養っていくことである。資格を取るのもよい、英語や外国語が得意な人は語学力を磨くのも良い、パソコン操作が得意な人は誰にも負けないＩＴスキルを身につけるのも良い、何か一つでも自分の得意分野を作り、これだったら誰にも負けないという自信と強みを持つための努力が大事である。

私の場合、定年退職後に仕事がなく困っていた次期に、薬剤師の資格を持っているため、未経験ながら調剤薬局に高待遇でアルバイトとして採用していただき、生まれて初めて調剤の経験をすることもできた。資格を持つことは困ったときに大きな力になるものだ。

社会人として生き抜く力

長年、国内外の製薬メーカーで、一貫して市販用医薬品の承認許可を短期間、低コストで取得するという、専門的な仕事に従事してきた私は、その仕事においては何歳になっても若い人たちに負けない自信を今でも持っている。

自由主義経済が続く限り、競争社会の原理は変わらないわけだから、他の人に負けないだけの社会人としての実力を養うことが不可欠である。人間として生き抜く力を養うために今日を頑張ろう。そして将来の不安を解消するために明日は新しいことに挑戦しよう。そして毎年毎年、自身を成長させ、社会人としての力量を高めていくことだ。

鉄鋼王アンドリュー・カーネギー氏も次のような名言を残している。「成功の秘訣は、いかなる職業であっても、その第一人者たることを期することである」

Chapter 25

第25章　年下の友人から多くを学ぼう

人の寿命は誰にもわからない

最近、私にとって悲しいことが連続で起きた。私はどちらかというと、今まで勤務した職場で同僚や部下たちより、上司であった人との付き合いを退職後も続けている。長年良い付き合いを続けてきて、私の良き理解者であり協力者でもあったS社のY先輩が突然、亡くなられた。また、仕事関係ではないが、長年の付き合いだった先輩が相次いで他界されてしまった。加えて、W社時代二代目の社長として仕事をご一緒し、退職後も長年にわたり私に様々なアドバイスをして下さった大切なS氏が大病を患われ、現在も療養中の状態である。

人は何歳まで生きられるか、誰もが自分の寿命はわからない。しかも、年齢とは関係なく突然に死が訪れることもある。いたし方ないことではあるが、自分が懇意にしていた人が急に亡くなったり、病いに倒れてしまうことは悲しいことである。「親が生きている間に親孝行しろ」という言葉も有名である。友人、知人の関係でも、お互いに元気な間に会う機会を多く持たないと、後で悔いを残すことになってしまうものである。

その意味では、自分より年下の友人をたくさん作っておくことは大事なことである。年上の友人であれば、自分より先に寿命が来てしまう可能性は高いのだ。もちろん、年下の友人が自分より先に亡くなることもあるだろう。しかし、年下の友人と付き合うことにより、自分も若返ることができるし、若い人の考え方を学ぶこともできる。逆に、その年下の友人にとってみれば、先輩のいろいろな経験や先輩としての考え方を学ぶことができるわけだから、お互いにとってプラスになる。

大隈重信氏のエピソード

徳川家康は、年下の臣下の意見を尊重した人物として知られている。家康は、人の上に立ちながらも決して慢心せず、諫めてくれる家臣たちから多くを学び、その中で強い結束力を築き、信長や秀吉でさえ叶わなかった夢、天下統一を現実のものにした人物である。

明治維新当時、駐日英国公使パークス氏は、10歳も年下であった大隈重信氏を大変気に入っていたと言われている。二人には次のようなエピソードが知られている。成立して間もない明治政府は、キリスト教を邪教と呼び、信徒は死刑に処するという布告を出した。これに業を煮やした英国は、駐日英国公使パークス氏に交渉にあたらせた。大隈氏との談判に臨んだパークス氏は開口一番、「大隈のごとき身分の低き輩と談判はできぬ」と一喝、得意の先制攻撃を仕掛けた。大隈氏は、「天皇の御名により政府を代表する者を拒むは、自らの抗議を撤回したものとみなす」とこれをかわした。その後、6時間に及ぶ二人の白熱の議論の末、大隈氏は英国の鉾先を収めさせることに成功した。それ以来、言語や文化、立場といった大きな障壁がある中で、2人は強力な友情をはぐくんでいったことが知られている。早稲田大学を創立したことからもわかるように、大隈氏には人を育てる優れた資質があった。好き嫌いの感情を抜きにして広く人と関わり、人の話をよく聞き、そして相手が理解する前に自らの結論を押し付けることは決してしなかった人物と言われている。

年齢・性別に関係なく上司には尊敬の念を

今の時代、職場でも高齢になればなるほど、年下の上司に仕えなければならないケースが多くなると考えられる。年齢的には自分の方が上でも、職場内の立場においては、年下の上司からの指示を謙虚に受けないといけない。上司になる人にとっても、年上の部下を持つことは、やりにくいと思う。しかし、考えてみれば、社会では、年齢はあまり関係ないと思う。年齢が低くても優秀な人材はたくさんいるし、逆に年齢が高くても首をかしげたくなるような仕事をする人もいる。同様に、最近では、徐々に女性の社会進出が進み、女性の管理職が増えてきた。政府も国をあげて女性の管理職を他国並みに増やそうと様々な政策を実行しようとしている。長年、第一線で活躍してきた男性であっても女性の上司の下で働かないといけないことも多くなると予想される。年齢差や性別を気にせず、職場ではお互いに尊敬しあい、信頼しあって職務に専念することが大事なことである。

自分の経験から言えることは、先輩や年上の友人との付き合いを大事にすることも重要であるが、あわせて年下の友人をたくさん作り、若い人たちと付き合っていくことも大切なことだ。そして年下の上司や同僚、友人たちから若い人の考え方など多くを学ぶべきである。そういう努力をすることによって、自分自身も老いることなく、いつまでも気分的に若くいられるものだ。

Chapter 26

第26章　午前中に一日の仕事の半分をこなそう

午前の時間を大切に

私は、S社時代から一貫して、午前の時間を大切にするように心がけてきた。一般的に、勤務時間は、午前の方が午後より短い。しかし、朝一番から時間を大切に使い、午前中に一日の仕事の半分を終わらせることを目指して取り組んだ。その勢いで午前中に仕事がはかどると、当然、一日の仕事量も多くなるものである。S社時代のA先輩もそういった私の仕事ぶりを買って下さっていた。

G社に入社してからも、仕事量が多かったこともあるが、午前中からフル回転せざるを得ない毎日の連続であった。G社入社後1年目に、夕方5時頃に昼食を食べていなかったことを思い出した日もあった。特に忙しい日には、昼食に外食をせず、近隣のコンビニで食べ物を買って職場に戻り、パソコンにへばりついてメールの送受信をしながら食べたことも多くあった。定年退職の際、同じ職場のメンバーから記念品として寄せ書きを贈られたが、ある女性社員はその寄せ書きに「これからはあまり菓子パンばかり食べないように体に気を付けてくださいね！」と書いてあったのには驚かされた。その女性の席は私の席から20メートル以上離れているのに、私がランチタイムにたびたび菓子パンを食べているところを見られていたのであった。女性は周りの人をよく観察しているなあ、と実感した。また、J社時代の上司であったS先輩も典型的な朝型人間であった。なんといっても、職場まで歩いて通えるマンションに住んでいたこともあって、日ごろの出社時間が朝4時ころであった。その代わり、午後は特に会議が入っていなければ、早めに退社していた。

現在、フレックスタイム制度を導入している職場も多いが、いい傾向だと思う。世の中には、朝型人間もいれば夜型人間もいる。仕事量と各自の生活リズムを考慮し、臨機応変に勤務時間をフレキシブルに変えられるようになれば、おのずと効率良い仕事ができると考える。私の場合、無職の時代にも、一日一日をだらだら過ごさないよう、朝は早めに起きて、午前中を計画的に有意義に過ごすようにしてきた。

一日一日を大切に過ごすためにも、午前の時間は貴重である。

トインビー博士の日課

〝早起きは三文の徳〟という言葉があることは皆さんもご存じのことと思うが、限りある人生、一日一日を大事に過ごすことは重要なことである。そのためには、一日のスタートを早くすることが大事である。

著名な歴史家として知られるトインビー博士は、晩年になってからも毎朝9時には机に向かうようにしていたといわれている。やはり一流の人は自分を律して大きな仕事をしてきたことから、その人の仕事に対する姿勢が後々の時代まで語り継がれるものである。

Chapter 27

第27章　思い立ったら、即座に行動に移そう

年齢とともに変化する行動パターン

思い立ったら、即座に行動に移すことは大事なことだ。私は人間の行動パターンを見て普段感じていることがある。これから長い人生が待っている中高校生や未成年ほど、会う予定が入っていない日でも、メールや電話で「今日空いている？」、「空いてるよ」、「じゃあ今から会おうか？」、「いいよ」といった具合に、計画性を持たずにその日の行動をその日、その時々で決める傾向がある。友達と会ってからも、「これからどこへ行こうか？」という感じで行き先を決めるとか、遊んでいる間に、「じゃあ次にどこに行く？」とか、その場その場で次の行動を決める傾向がある。

それに対して、20代、30代になると、誰と会うにしても数日前か1週間くらい前に、いつ何時頃どこで会って何をするかを約束して行動するようになる。40代、50代になると1ヵ月くらい先までの予定を組むようになる。さらに高齢になると、会う約束をする場合でも、冬であれば、「暖かくなってからお会いしましょう！」とか、夏であれば、

「どうせお会いするなら少し涼しくなってからにしましょう！」といった具合に、すぐに会うというより季節によって会う約束を数ヵ月先に先延ばしする傾向がある。本来、老い先が短い人ほど、すばやく行動してすぐにでも会ったほうが良いと思うのだが、自分たちの体調を考えるとつい、急いで会うこともないと思ってしまう。若い人ほど先の予定まで決めずに、その場その場で予定を決めて即行動するパターンがみられる。

計画より行動が大事

私は、年齢に関係なく、思い立ったら即座に行動することが大事だと考えている。一日一日を有意義に過ごすことは大事である。そのためにも、先延ばししない方が後で後悔しなくて済むと思うからだ。哲学者モンテーニュも次のように、即座に行動することの大切さを私たちに教えている。

「明日から始めよう。来週から始めよう。来月から始めよう。はたして、この宣言通り、物事を始められたでしょうか？　気合いを入れて計画を立てることはその物事の最終目標ではありません。その計画を実行してみて初めて分かることも多々あります。計画しただけで8割以上終わったような気分になってはいけません。人間というのは、悲しいかな、時間に余裕があると迷うのです。ですから、何かを始めたいのであれば、時間ができ次第すぐに始めるべきです。達成したい目標があるのであれば、綿密な計画はもちろん大切です。しかし、計画だけで時間を費やしてしまっては、実際の実行する時間が減るばかりです。ある程度の見通しを立てたら、すぐに動きましょう。時は待ってはくれません。気合いを入れて、万全な体制で頑張りたい気持ちはよくわかります。ですが、決意は氷と同じ。時間がたてば溶けてしまうもの。１００％の完璧な計画を作るよりも、50％の計画でもいいから、とにかく動き始めてみましょう」

Chapter 28

第28章　常にTo Do Listの作成、消し込みをしよう

優先順位の設定と見直しの重要性

ここで、To Do List という英語を使用させていただく。別に英語でなければ表現できない言葉ではない。日本語でいうと、「やるべきことリスト」と言える。私は、最初に入社したS社勤務時代から、現職に至るまで、自分なりに、やるべきことリストを作成し、終了したものから消し込んでいくという仕事の進め方をしている。

個人経営者であれ、会社員であれ、日々多くの仕事をこなさなければならない。その日その日の仕事の優先順位を決めることはとても大事なことであるから、自分なりに工夫してメモやリストを作成するなりして、優先順位の高い仕事から片づけていくべきである。私の場合は、To Do List を作成し、毎朝チェックして、済んだ仕事は消し込み、消されていない仕事の優先順位をつけて取り組むようにしている。

もちろん、仕事は時々刻々変化もするし、突然に急な仕事が入ってくることもある。そういった時には優先順位の見直しをせざるを得ないが、優先順位の決め方も重要である。私は、優先順位の決め方を、緊急度と重要度の二つの要素を考慮して決めるようにしている。今日中にやらなければならない仕事だが重要度は低い仕事もあれば、重要度は高いが、緊急性はない仕事もある。基本的には、緊急度を重視して優先順位を決めるようにしている。

しかし、人間誰しもやりたい仕事とやりたくない仕事があるものだ。どちらかというと、やりたい仕事から手を付ける人が多いと思うが、自分の好みで決めることなく、緊急度、重要度の両面から、一日の仕事の優先順位をつけるようにすべきと考える。

効率的な仕事の進め方

効率的な仕事の進め方をするためのもう一つの判断基準として、私が心がけていることは、他の人にもかかわってくる仕事を優先させるようにしている。

例えば、今日中に終えなければならない大きな仕事が二つあったとする。一つは自分だけで完了する仕事、もう一つは自分が下書きを作成し、上司が確認しなければならない仕事だとする。誰が考えても、上司の確認が必要な仕事のほうを自分だけで完了できる仕事より先にすべきである。やり易いからといって自分だけで完了する仕事を先に済ませ、その後、上司の確認が必要な書類を作成した場合、下書きの完成が夕方になってしまうかもしれない。そうすると、上司の確認は翌日になってしまうかもしれない。その分、その仕事の完了は一日遅れてしまうのである。要するに、自分の所にきたボールを早く投げ返すことが大事ということである。

私の現職の仕事は国際関係の仕事である。例えば、海外から届くメールと国内から届くメールと両方あって、どちらにも返信しなければならないメールであった場合、まずは国内からのメールに対する返信を先にするようにしている。たとえば、メールの相手先が米国だった場合、日本時間の朝は時差の関係で先方の時間は前日の夜なのである。急いで返信を出しても、相手は夜であり、場合によってはすでに就寝中である。しかし、国内の人は同じ時間帯で仕事をしているわけだから、少しでも早く返信すれば、相手も次の動きが早くできるのである。アジアの国であれば、日本との時差も短いから、早めに返信してあげた方が良い。米国の人から届いたメールに対しては、米国時間の朝を迎えるまでの間に返信すれば、十分間に合うことになるから、急いで返信する必要がないということである。

やるべきことを忘れないための工夫

いずれにしても、仕事の優先順位を決めて一つ一つの仕事を順番に片づけるべきである。決して難しい話ではない。ただ、人間は忘れることがよくある。したがって、忘れないようにするためにTo Do Listの作成、消し込みは重要である。

仕事にかかわらず、日常生活においても、自分がやるべきことをしっかりメモに書き、そのメモを常に確認しながら、今日、すべきことはできたか、できていないことはないか、常に確認することだ。私の場合、やるべきことを書いた付箋を手帳に張り付けて毎日確認するようにしている。

それでも、その手帳の確認を怠ってしまい、今日すべきことが出来ずに一日が終わってしまうこともある。それを防ぐために、絶対に忘れてはいけないことは、もっと目立つところにメモを貼ったり、別な方法を使っている。たとえば、寝る前に翌日朝一番でやらなければならないことがあるときは、普段左手にはめている腕時計を右手にはめるようにしている。すると、朝起きた時に、なぜ腕時計が右手にあるのだろう？　と疑問に思い、そうだ、今朝一番であれをやらないといけないんだ、と思い出させてくれる。

人それぞれ、やらなければならないことを忘れないようにする方法は、各自で自分なりのやり方があると思う。どんな方法でもよい。大事なことは、いかにしてやるべきことを忘れないようにするかである。

第29章　生涯、仕事を求めていこう

思いがけない人脈により可能になった再就職

私は、人脈のおかげにより、思いもかけずに再就職を勝ち取ることができた体験をもう一つ持っている。

G社を定年退職した直後に、それまでの期間、お世話になった方々に定年退職のご挨拶にお伺いした。その中に、製薬業界団体の幹部をされているN氏がいらした。N氏は、以前厚生労働省の官僚をされていた方であった。その方とはほんの10分ほどの手短な退職の挨拶をしただけであった。その後1年半ほどたってからの話である。突如、N氏から1通のメールをいただいた。その内容は、「ある別な製薬業界団体で国際関係の業務をしていただける方を探しているので、もし現在お仕事をされていないなら、ご検討いただけませんか?」という内容だった。メールをいただいたときは、特に正職についておらず、まさに天から降ってわいてきたお誘いであった。長年製薬会社で仕事をしてきた私は、現役時代、定年後は業界団体で仕事をしたい、と漠然と理想を描いていたこともあり、「前向きに考えますので、その話をぜひ進めていただきたい」とN氏に返信を送った。その結果、後日、その業界団体の幹部の面接を受け、その団体に就職することができたのであった。

あとからわかったことだが、私が就職した業界団体の責任者もN氏と同じように元厚生労働省の官僚で、元官僚同士の横のつながりがあり、製薬業界出身で英語ができるいい人がいないか？　とN氏に相談があったようである。N氏が私のことを思い出し、候補者として推薦してくださったとのことであった。ほんの退職のご挨拶に伺っただけの関係であったにもかかわらず、N氏はその相談を受けた際、まっさきに私のことを思い出してくださったのである。N氏には感謝の思いでいっぱいである。

現在、私は本業である業界団体の仕事のほか、2か所の製薬会社において顧問を引き受けており、合計3つの仕事を掛け持ちしている。年齢にもかかわらず、元気であるから続けられるのだ。いま、私の周りには60代の方はもちろん、70代の方でも元気で仕事を続けている方が多い。

仕事のやる気は年齢と関係なし

さらに最近、感動したことがあった。元衆議院議員をされていた方の話である。その方は80歳であり、経済的には仕事をしなくても十分余裕ある老後の生活を送っている方である。しかし、最近でも、その方は今までの人脈を使って、自分で新たな仕事を取ってきているようだ。確かに、元国会議員ということで、知り合いも多いし、医師で医学博士という肩書を持っていることもあり、いくらでも仕事を依頼される立場におられる方かも知れない。私が尊敬するのは、80歳を超えた年齢でも自ら次の仕事を取ってこよう、という前向きな気持ちを持って行動していることである。

定年まで一生懸命働いた人が定年を迎えて、突然、毎日家にいて庭いじりくらいしかやることがなくなった人ほど、ぼけやすいという調査結果が出ていることを聞いたことがある。やるべきことを持つことは重要である。年齢は重ねてもぼけることなく、元気で老後を楽しく過ごせるよう、若い人には、生涯、仕事を求めていこう、と言いたい。

Chapter 30

第30章　希望と勇気と情熱を持ち続けよう

希望を捨てないことの大切さ

いよいよ、本書も最後の章を迎えた。第30章は、人間として成功していくための基本中の基本である姿勢について述べたい。それは、どんなときにも希望と勇気と情熱を持ち続けていこう、ということである。

一つ目は、希望を捨てないことである。夢でもいいが、常に大きな目標を持つことだ。なぜ、大きな目標でなければならないのか？　小さな目標だと、達成できても喜びは小さいからだ。自分では、ハードルが高そうだな、と思えるような大きな目標を持って、その実現のために努力してその目標を達成した時に、喜びはひとしおである。目標を持って取り組んでも努力した結果、目標を達成できなかった時に諦めてしまう人があまりにも多いのはとても残念である。たとえ、努力が報われなかったとしても、挑戦を続けるべきだと思う。また次の機会を待って再度挑戦すべきだと思う。そのためにも、努力を続けていれば、いつかは夢はかなうと信じ、希望を持ち続けていくことが大事である。

著名な将棋棋士である羽生善治氏は、「何かに挑戦したら確実に報われないかもしれないところで、同じ情熱、気力、モチベーションをもって継続しているのは非常に大変なことである」と言う。

また、実業家松下幸之助氏も「世の中の多くの人は、少々うまいことといかなくなると途中であきらめてしまう。本当に物事を成し遂げるためには、成功するまであきらめないことである」と戒めている。

勇気を持つことの大切さ

二つ目は、勇気を持つことである。人間どうしても勇気が出ないと新しい挑戦を避けてしまいがちである。人に言いにくいことを言わなければならない時もある。言わずに済めば、そのほうが楽と思って、勇気を出せずに言いにくいことを言えない人も多い。勇気を出して、最初の一言を言いだすことが出来さえすれば、最後まで話をすることが出来るのだ。最初の一言を思いきって言える勇気を持てる自分になることだ。勇気を持つ人が人生の勝利者に近づけることは間違いない。ジョン・F・ケネディ元米国大統領は、「失敗する勇気がある人のみ大成功を収めることが出来る」という言葉を残している。また、米国の企業家ジム・ローン氏は、「運命を一夜に変えることはできないが、あなたが進む方向を変えることは一夜でできる」という言葉を残している。

情熱を持ち続けることの大切さ

三つ目は、情熱を持ち続けることである。何事にも熱い心を持って取り組むことは重要である。情熱を持ち続けていくことによって、人は年齢を重ねたときに、体は年をとっても、心が老いることはないのだ。逆に、情熱のない人は、年齢的には若くても、心が老いてしまうものである。

実業家稲盛和夫氏は、「強い熱意と情熱に支えられた努力を続ければ、今日不可能なことでも明日は実現できる」と言っている。また、将棋棋士羽生善治氏は、「以前私は、才能は一瞬のきらめきだと思っていた。しかし、今は10年とか20年、30年を同じ姿勢で同じ情熱を傾けられることが才能だと思っている」と述べている。

長い人生である。その人生を最高に輝かせるのも、あるいは輝かすことができずに人生を終わらせるのも一人ひとりの努力次第なのである。人生の要諦として、どんなにうまくいっている時でも、またどんなに厳しい状況であったとしても、希望と勇気と情熱を持ち続けていくことが最も大切なことであると訴えたい。

青春とは?

最後に、米国の実業家サミュエル・ウルマン氏が書かれた詩『青春とは』の一節を贈りたい。

「青春とは人生の一時期のことではなく、心のあり方のことだ。若くあるためには、創造力、強い意志、情熱、勇気が必要であり、安きにつこうとする心を叱咤する冒険への希求がなければならない。人間は、年を重ねた時老いるのではない。理想を亡くした時老いるのである。60歳になろうと16歳であろうと人間は驚きへの憧憬、夜空に輝く星座の煌めきにも似た事象や思想に対する敬愛、何かに挑戦する心、子どものような探究心、人生の喜びとそれに対する興味を変わらず胸に抱くことが出来る。人間は信念とともに若くあり、疑念とともに老いる。自信とともに若くあり、恐怖とともに老いる。希望ある限り人間は若く失望とともに老いるのである。自然や神仏や他者から美しさや喜び、勇気や力などを感じとることができる限り、その人は若いのだ」

あとがき

このたび、本書を執筆するにあたって、私は今までの人生の総括をさせていただくことができたと思っている。確かに長い人生、いろいろなことがある。その時々で決断を迫られ、自分なりに最適と思われる決断をしてきたつもりである。しかし、その時々で異なった決断をしていたら、私の人生はまた大きく変わっていたに違いない。そう考えると、人生不思議なものである。皆が自分の人生を自分の意志だけで決めているように思いがちであるが、実は人生を左右しているのは他人であると言ってもよい。1回、1回の就職、転職もその決定権があるのは企業である。もちろん、オファーが出てからその会社に入社するかどうかを決めるのは個人の意志とは言えるが、オファーがこない以上、いくらその会社に入社したくても入れるわけではない。入社した後もその会社で本当に力を発揮できるかどうかは一人ひとりの努力次第であるが、昇格、昇給、人事異動を決めるのは上司であり、会社の経営陣なのである。要するに、他人に評価してもらえない限り、就職もできないし、会社内での出世もあり得ないのである。

多くの他人との関わり合いの中で、仕事ぶりが正しく評価されているか、自分のさらなる可能性が引き出されているか、まさに自分の努力と上司の評価によって人生が決定されると言っても過言ではない。どうやって自分が努力したことを成果として出し、信頼と尊敬を勝ち取っていくか、そのためにどういった努力が今自分にできるのか、絶えず自問自答すべきである。自身の成長のための努力の積み重ねが求められるのだ。個人のがんばり次第で、職場の中で輝く存在になれることもあるし、逆に陰の薄い存在になってしまうこともある。もっと言えば、会社のお荷物的な存在になってしまうこともあり得る。複雑な人間関係の難しさに悩む人、思い通りいかないことで歯がゆい思いをしている人も多いだろう。むしろ、人生は思い通りにいかないことの方が多いのかもしれない。しかし、自分が今与えられたところで精一杯頑張るしかないのだ。

しばらくぶりに友人、知人に会ったときに、「相変わらず元気そうだね」とか「若く見えるね」と言われることは嬉しいことである。もっと嬉しいことは、「立派になったね」とか「人間ができてきたね」、「人間的に成長したね」、「貫禄がついてきたね」、「丸くなったね」などとお世辞の言葉をかけられた時だと思う。誰でも自分のことをほめてもらえることは嬉しいものである。しばらくぶりに出会った際、たとえ、お世辞であっても、そのような言葉をかけてもらえるような人になっていきたいものである。

定年までしっかり働いてきた人が定年後、急にやるべきことがなくなり、家にいて庭いじりしかやることがなくなってしまった人ほど認知症を発症する割合が高いことはよく知られている。年齢に関係なく、やるべきことを数多く持つことは重要である。毎朝、今日はこれに頑張ろう、という目標を持って一日一日を有意義に過ごしたいものだ。今の生活に安住することなく、絶えず挑戦を続け、新しいことに興味を持ち、挑戦することも大事なことだ。その意味で私も、これからも現状に満足することなく、さらなる挑戦を続けていくつもりである。

2014年9月

山本隆行

主な参考文献

『世界一シビアな社長力養成講座』　ダン・S・ケネディ　（ダイレクト出版）
『パワーオブサイレンス』　カルロス・カスタネダ　（ワシントンスクエアプレス）
『自助論』　サミュエル・スマイルズ　（知的生き方文庫）
『アミエルの日記』　アンリ・フレデリック・アミエル　（岩波文庫）
『坂の上の雲』　第5巻　司馬遼太郎　（文春文庫）
『挑戦する勇気』　羽生善治　（朝日選書）
『勇気ある人々』　ジョン・F・ケネディ　（英治出版）
『青春とは心の若さである』　サミュエル・ウルマン　（角川文庫）
『面接ではウソをつけ』　菊原智明　（株式会社星海社）
『科学がつきとめた「運のいい人」』　中野信子　（サンマーク出版）
『電話サポートをやめたらみんな幸せになれた』　横山　正　（明日香出版社）

●著者紹介

山本隆行（やまもと・たかゆき）

1950年神奈川県藤沢市にて出生。1973年、私立大学の薬学部を卒業後、中堅の日系製薬会社に入社。1993年、米国系製薬会社に転職。その後、米国系製薬会社、スイス系製薬会社勤務を経て、2004年、英国系製薬会社に転職し、2010年の定年退職まで勤務。その後、薬事コンサルタントとして独立。2012年、製薬業界団体職員に転じ、現在に至る。本業の他、複数の製薬会社において顧問として活躍中。

就職・転職で成功する30章

2014年9月26日　初版第1刷発行
著　者　山本隆行
発行者　比留川　洋
株式会社　本の泉社
〒113-0033　東京都文京区本郷2-25-6
電話（03）5800-8494　FAX（03）5800-5353
印　刷　音羽印刷株式会社
製　本　株式会社　村上製本所
ISBN978-4-7807-1182-0　C0036